U0067418

身心障礙者 個別化服務計畫實用手冊

（第二版）

財團法人育成社會福利基金會　編著

發行人序

尊重差異·個別服務

財團法人育成社會福利基金會（以下簡稱本會）是由台北市智障者家長協會的家長們及社會大眾為了讓心智障礙者得到終身完善的服務，共同籌募基金而成立。

本會身為服務心智障礙者的團體，能深切體會家庭照顧心智障礙者的辛苦。父母必須竭盡所能協助心智障礙的孩子在各方面成長，還要面對來自社會或體制的壓力，如果不是無可計量的愛，真的是無法承受。也因為這愛，本會在創會陳節如董事長的帶領之下，堅決相信每個人都是獨特與唯一，透過愛心、耐心與專業的支持服務，每一位心智障礙者都能快樂的學習、成長並認真的生活。

隨著社會的變遷，本會在服務心智障礙者的觀念與運作上，已由過去以訓練心智障礙者自我照顧能力為主的觀念，轉為倡導讓心智障礙者以自身的能力去參與、體驗及學習社會生活，因此服務提供者應力求精進自己的專業知能。為使服務提供者奠定更專業的服務知能，本會慎重決定要將歷年來所發展且正在使用之專業服務表單，彙集成冊發行出版，俾有系統地提供有需要的專業服務人員參用。在此特別感謝在特殊教育領域有卓越貢獻的黃素珍老師，願意貢獻心力給予專業指導與審稿，也謝謝參與出版計畫的機構主管協力撰稿，共同完成這本《身心障礙者個別化服務計畫實用手冊》。

我們也知道，像這樣用於服務特定對象的專業書籍，其市場性與可能的利潤相對有限。當我們尋求專門出版專業書籍的心理出版社協助時，即馬上獲得該出版社林敬堯總編輯的支持，內心充滿感動。感謝心理出版社願意承接本書出版事宜，讓本會辛苦的智慧結晶得以問世，也提供更多在身心障礙服務領域的機構及專業人員多一種可選擇參考使用的工具書。

透過專業服務表單系統化的實行與評估，將促使專業人員更能重視心智障礙者特殊的需求及個別的差異，並運用合適的服務方法與策略於服務之中。期盼更多人能一起為心智障礙者的服務做出貢獻及努力，以期他們能積極參與社會並提升其生活品質。

財團法人育成社會福利基金會

董事長 劉貞鳳

2014 年 *8* 月

召集人序 提升專業知能 確保服務品質

個別化服務計畫（individualized service plan，以下簡稱ISP）乃根據專業評估結果，產生一份符合個人條件與需求的服務內容，其服務流程大致可分為：「諮詢建檔」、「服務評估」、「訂定計畫」、「計畫實施」、「評量」、「轉銜／轉介」及「追蹤／終止服務」等七大階段，本手冊所使用表單亦是由此七大階段發展而來。由此可知，ISP乃是一種服務單位與家長（屬）對服務使用者實施服務安置與輔導評量的書面契約，更是為服務使用者提供未來一段時期之服務規劃的一種綱目、指標及藍圖，其對於服務使用者的重要性可見一斑。

有鑑於此，為增加ISP應用的時效性與服務完整性，育成基金會及所屬單位遂在多位資深專業服務人員之實務經驗下，開始彙整有關ISP的實施計畫、實施步驟、單元活動／社區適應活動計畫等相關表單，共同編製完成了《身心障礙者個別化服務計畫實用手冊》。此手冊除清楚闡述法條依據及編製歷程外，亦提供完整個別化服務計畫服務流程表單及擬定範例，以作為專業服務人員在ISP規劃、服務展開過程及督導和績效管理中參考之用，期使ISP之內容及操作有較本土化的經驗模式，使個別化與多元化的服務理念得以落實在服務計畫中。

筆者從事特殊教育工作二十年，曾獲頒「師鐸獎」、「金駝獎」等殊榮，2002年2月自教育崗位退休，蒙前董事長陳節如女士厚愛，於2002年至2012年間委以育成城中發展中心主任乙職，2012年4月從主任職務辦理退休後，銜命擔任出版小組之召集人，期間共召開出版小組會議十四次，並與研發組幕僚人員進行小型會議及電話討論不下十數次，歷次會議皆戰戰兢兢、逐字逐句再通盤檢視，生怕有所疏漏。希冀本手冊編製能協助教保員作為擬定ISP的參考以確保服務品質，然其中做法與說明或有不盡完善、周全之處，尚請諸位先進不吝指正。

出版小組召集人

2014年8月

二版序

秉持初衷　持續前行

本書出版於2014年，時光荏苒，匆匆地十年已過，感謝這段時間有眾多身心障礙社福夥伴的信任，參採本會拙作《身心障礙者個別化服務計畫實用手冊》運用於專業服務中。惟，時至2023年，身心障礙的服務理念已更進步，除從國際觀點提供的指導，到國內從服務中的省思，我們勢必該為本手冊澈底做一番檢視與修訂，才能符合現行服務的精神。

爰此，本會組成二版修訂編輯團隊，啟動編修工作。在此，特別感謝原編輯團隊召集人黃素珍老師，以及從本會退休的潘竹芳主任與吳淑珠主任，幾位前輩貢獻了自己的心血與專業，引領著後進持續前進。也謝謝長期夥伴馬海霞老師擔任專業總督導，以及台北市智障者家長協會胡宜庭總幹事和育成基金會賴光蘭執行長帶領的團隊，持續為身障服務的進步而努力。此外，謝謝心理出版社林敬堯總編輯與編輯團隊的支持與協助，讓這本專業工具書得以傳達到需要的人手中。

本次的二版修訂，將過去從專業人員以訓練為導向的觀點，調整為以服務對象的支持需求為導向的角度，也因從支持觀點出發，在撰寫個別化服務計畫（ISP）及服務評量上，也都予以再簡化，書中所演示的撰寫範例亦配合表單更新同步修訂。而有關資源的連結與運用，也配合政府身障福利及長照服務的發展，進行逐項檢視與增修，以符合當前可用資源的實際情況。另，隨著科技的進步與演變，本書也將不再附贈表單光碟片，改以提供購書者權限密碼，採網路下載的方式提供空白表單，更加便利讀者取得與使用。

最後，再次謝謝社福界朋友對育成基金會的信任，願意運用本書於支持身心障礙者的專業服務中。期盼本書的新版修訂，持續推進身心障礙者專業服務的進步。

財團法人育成社會福利基金會

董事長 ［簽名］

2023年9月

召集人簡介

黃素珍

現職：育成社會福利基金會顧問
育成社會福利基金會暨台北市智障者家長協會早療督導

學歷：國立臺灣師範大學特殊教育研究所四十學分班結業
國立臺灣師範大學教育心理學系特殊教育組畢業
臺北市立女子師範專科學校畢業

經歷：第 8 次、第 9 次、第 10 次全國身心障礙福利機構評鑑委員
育成社會福利基金會辦理臺北市城中發展中心主任
育成社會福利基金會暨台北市智障者家長協會專業團隊特殊教育師
臺北市國民教育輔導團特殊教育小組輔導員
國小自閉症巡迴輔導教師
國小啟智班教師

編輯委員簡介

賴光蘭

現職：育成社會福利基金會執行長

學歷：美國聖約瑟大學特殊教育學碩士

經歷：第 8 次、第 9 次、第 10 次及第 11 次全國身心障礙福利機構評鑑委員
育成社會福利基金會辦理臺北市永明發展中心主任
育成社會福利基金會附設臺北市私立裕民發展中心主任

胡宜庭

現職：台北市智障者家長協會總幹事
台北市社會福利聯盟總幹事

學歷：東海大學社會工作學系畢業

經歷：中華社會福利聯合勸募協會複審委員
衛生福利部社會及家庭署社福績效考核委員
第 6 次、第 7 次全國身心障礙福利機構評鑑委員
新北市身心障礙者就業服務顧問
臺北市身心障礙者就業諮詢委員會委員
台北市智障者家長協會社工督導
臺北市政府社會局社工員

馬海霞

現職：育成社會福利基金會辦理臺北市南港養護中心主任
台灣社會福利總盟副理事長
陽光社會福利基金會常務董事

學歷：國立臺灣大學復健醫學系畢業

經歷：第 7 次、第 8 次、第 9 次、第 10 次及第 11 次全國身心障礙福利機構評鑑委員
中華民國身心障礙聯盟理事長
陽光社會福利基金會董事長

朱小綺

現職：育成社會福利基金會副執行長

學歷：東吳大學社會工作學系碩士

經歷：第 9 次、第 10 次及第 11 次全國身心障礙福利機構評鑑委員
育成社會福利基金會高級專員
育成社會福利基金會附設臺北市私立和平發展中心主任
育成社會福利基金會社工組長
台北市智障者家長協會社工員

黃曉玲

現職：育成社會福利基金會副執行長

學歷：國立中山大學社會科學院高階公共政策碩士
東海大學社會工作學系畢業

經歷：第 9 次、第 10 次及第 11 次全國身心障礙福利機構評鑑委員
育成社會福利基金會研發組組長／資深專員
高雄市政府勞工局機要秘書
屏東縣議會第 15 屆議員
台灣勞工陣線副秘書長／理事長
全國產業總工會副秘書長
台中靜和醫院康復之家社工員

陳秀娟

現職：台北市智障者家長協會辦理臺北市弘愛服務中心主任

學歷：國立空中大學社會科學系畢業

經歷：第 8 次、第 9 次、第 10 次及第 11 次全國身心障礙福利機構評鑑委員
台北市智障者家長協會辦理臺北市弘愛服務中心組長
第一社會福利基金會第一兒童發展中心教保員

鄭芬芳

現職： 育成社會福利基金會辦理新北市愛育發展中心主任

學歷： 實踐大學社會工作學系畢業

經歷： 伊甸社會福利基金會八德服務中心主任兼臺北市北投老人服務中心主任
伊甸社會福利基金會社工組組長／社工員

王舒嫻

現職： 育成社會福利基金會辦理臺北市城中發展中心資深督導

學歷： 長庚技術學院幼兒保育系畢業

經歷： 育成社會福利基金會辦理臺北市城中發展中心成人組副組長／教保員

林佳瑩

現職： 台北市智障者家長協會辦理臺北市弘愛服務中心教保組長

學歷： 元培科學技術學院護理學系畢業

經歷： 臺北市弘愛自閉症發展中心副組長／早療老師
台北市智障者家長協會辦理臺北市弘愛服務中心護理師／教保員

丁巧蕾

現職： 台北市智障者家長協會高級專員
臺北市中正、萬華區身心障礙者資源中心督導

學歷： 實踐大學社會工作學系碩士

經歷： 台北市智障者家長協會辦理臺北市弘愛服務中心社工督導
新北市集賢庇護工場社工督導
台北市智障者家長協會社區式日間照顧服務幸安學坊督導

李亭誼

現職：育成社會福利基金會社工組長

學歷：文化大學社會福利學系畢業

經歷：育成社會福利基金會社工組副組長

育成社會福利基金會育成洗車中心社工員

育成社會福利基金會萬隆庇護商店社工員

許培妤

現職：育成社會福利基金會社工督導

學歷：文化大學社會福利學系畢業

經歷：育成社會福利基金會社工員

中華民國康復之友聯盟社區日間作業設施輔導員

臺北市立陽明教養院社工員

目次

壹 依據 / 001

貳 編製歷程 / 002

參 適用對象及時機 / 004

肆 個別化服務流程暨使用表格圖 / 005

伍 使用表單與填表說明 / 006

基本資料表（表一） / 006
初評檢核表（表二） / 012
觀察紀錄表（表三） / 017
服務需求及資源連結狀態表（表四） / 020
摘要表（表五） / 039
家長意見／期待調查表（表五之一） / 045
服務使用者興趣調查表（表五之二） / 048
服務使用者能力綜合摘要表（表六） / 053
年度評估暨計畫摘要表（表六之一） / 056
個別化服務評量紀錄表（表七） / 060
單元活動／社區適應活動計畫（表八） / 064
社區適應活動人員配置表（表九） / 067
社工組處遇計畫表（表十） / 070
社工組服務紀錄表（表十一） / 073
專業團隊服務紀錄摘要表（表十二） / 075
ISP 督導紀錄表（表十三） / 078
專業團隊服務申請表／回覆單（表十四） / 080
轉介表（表十五） / 084
會議紀錄表（表十六） / 087
ISP 修正意見表（表十七） / 089

陸 參考範例 /091

基本資料表（表一） /091
初評檢核表（表二） /094
觀察紀錄表（表三） /097
服務需求及資源連結狀態表（表四） /105
摘要表（表五） /110
家長意見／期待調查表（表五之一） /113
服務使用者興趣調查表（表五之二） /115
服務使用者能力綜合摘要表（表六） /119
年度評估暨計畫摘要表（表六之一） /122
個別化服務評量紀錄表（表七） /127
單元活動／社區適應活動計畫（表八） /144
社區適應活動人員配置表（表九） /156
社工組處遇計畫表（表十） /157
社工組服務紀錄表（表十一） /158
專業團隊服務紀錄摘要表（表十二） /159
ISP 督導紀錄表（表十三） /160
專業團隊服務申請表／回覆單（表十四） /161
轉介表（表十五） /163
會議紀錄表（表十六） /164
ISP 修正意見表（表十七） /166

銘謝 /167

身心障礙者個別化服務計畫實用表單
請於心理出版社網站「下載區」下載
https://www.psy.com.tw
解壓縮密碼：9786267178755

壹 依據

為了確保身心障礙者能得到個別化與多元化的服務，專業服務單位應在支持身心障礙者使用各項服務時，採取需求評估、擬定計畫、依計畫提供服務以及追蹤、檢討服務是否落實或必須調整等之流程。

在《身心障礙者權益保障法》（簡稱身權法）第 19 條中，明確規範主管機關「應依服務需求之評估結果，提供個別化、多元化之服務」；同時，依身權法第 50 條為促進身心障礙者獲得個人支持及照顧所訂定相關子法《身心障礙者個人照顧服務辦法》第 4 條之規定：「本辦法服務提供單位應遵循下列事項：……五、訂定個別化服務計畫、工作及督導流程，確保服務品質。」因此，包括縣市政府委託或自行辦理之日間及住宿型態的服務，均應依法落實身心障礙者個別化服務。

再依衛生福利部社會及家庭署公告的「身心障礙福利機構評鑑指標」專業服務項目規定，機構應訂定個別化服務流程，內容包括評估、個別化計畫擬定及執行、定期檢討與修正、轉介或轉銜等，且確實執行並有紀錄。

財團法人育成社會福利基金會（以下簡稱本會）整理多年來身心障礙者專業服務人員的寶貴經驗，將個別化服務流程暨表單做一完整呈現，並提供撰寫範例供參，除了了解身心障礙者全人化服務該有的精神，在實務操作上也能提供更具體且實用的工具，供第一線專業服務工作人員參考使用！

貳 編製歷程

本會自 1994 年成立以來，致力於提供身心障礙者及其家庭終生及完善的服務，接受臺北市、新北市政府委託及自行辦理多家日間、夜間與全日型之機構式服務，並於 2008 年起建置與推廣社區日間作業設施服務模式，且辦理了多處日夜間社區式服務據點。除成人服務外，也以機構兼辦早療服務，包括日間托育、部分時制、到宅療育等服務模式，並依身心障礙者及其家庭所需提供親職講座、聯歡活動、家庭服務與交通支持服務。以 2022 年度所提供上開服務項目計，全年度共服務 15,247 名身心障礙者及其家庭，服務人次達 588,865 人次之多。

由於身心障礙者之障礙情形與所需服務皆有其個別差異，且為建立各不同專業間的合作機制，本會於 2001 年起，即陸續將當時的服務單位包括台北市智障者家長協會（以下稱北智協）辦理弘愛服務中心與本會和平、城中、鵬程、永明與裕民等中心所使用表單進行彙整，同時邀請外聘專家學者包括柯平順教授、林敏慧副教授及本會各服務單位教保組組長共同組成討論小組。當年單槍投影機尚未普及，小組討論資料是一張一張影印在投影片，再以燈泡式投影機投影後進行討論。

在初步彙整篩選後，於本會定期辦理之成人工作會報提出報告與確認共識，並逐表撰寫使用與填表說明，再請各服務單位將所研擬之表單於實際服務中試行後，提出修訂意見，再經歷次成人工作會報討論取得共識後，報本會主管會議通過，正式定案實施。

所編製表單與評估工具在本會行之多年後，於 2012 年決定編輯出版，以提供各專業服務友伴單位參考運用。鑑於出版乃為重大決定，為慎重起見，董事會委請甫由本會辦理城中發展中心退休之黃素珍老師擔任出版小組召集人，借重其在特教領域資深且專業的指導，並邀請北智協弘愛服務中心陳秀娟主任、本會南港養護中心馬海霞主任、愛育發展中心鄭芬芳主任、永明發展中心潘竹芳主任等第一線服務單位主管，以及本會賴光蘭執行長、朱小綺副執行長與北智協胡宜庭總幹事等秘書處主管擔任出版小組成員，由研發組同仁擔任幕僚工作人員，重新逐一檢視各服務表單的邏輯性與適用性，最後決定出版之全套表單包括教保、社工與各專業治療師等所使用共二十份表單。

另外，本會彙集了服務身心障礙者生活之各個面向的需要，編製完成適用於服務對象為 18 歲以上之「服務使用者能力檢核評估表」，作為個別化服務計畫擬定前之評估工具，而評估工具的合宜與否，在在影響後續服務擬定的適切性，故出版小組更是歷經一段長時間逐項逐條討論、修訂、試行與再檢視的辛苦過程，才終於定稿另發行單行本《身心障礙福利服務機構服務使用者能力檢核評估表》。

從彙整表單到出版，育成走了十二年，其間所經歷的討論、諮詢、激辯、試做與修訂，一路來的辛苦很難以簡短的文字敘明。期待第二版的《身心障礙者個別化服務計畫實用手冊》能繼續支持在照顧服務現場的社福夥伴，並隨著服務觀念的進步，往前邁進。

參 適用對象及時機

此《身心障礙者個別化服務計畫實用手冊》（以下簡稱本手冊），主要提供社福單位專業服務人員（包括教保員、社工員／師、特教師，以及物理、職能及語言治療師和心理師等）在為 0～6 歲或 18 歲以上，且領有身心障礙證明之服務對象，提供適切的專業規劃服務所用。

專業人員可透過本手冊所提供之專業服務表單、實施步驟及參考範例，與家長／家屬共同擬定個別化服務計畫（ISP）內容，並在提供需求評估、擬定計畫、計畫執行、定期評量等服務過程中操作使用。

肆 個別化服務流程暨使用表格圖

成人服務流程暨使用表格圖（機構用）

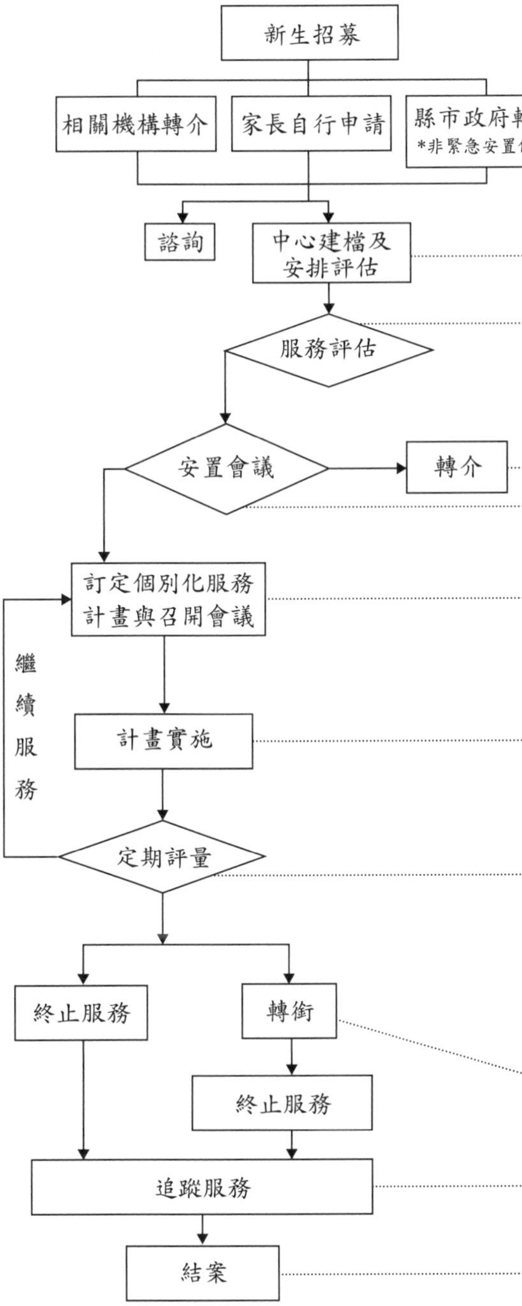

1. 表一　基本資料表
2. 表二　初評檢核表
3. 身心障礙鑑定及需求評估
4. 健檢報告

1. 表三　觀察紀錄表
2. 表四　服務需求及資源連結狀態表
3. 表五　摘要表（家庭生態評估）
4. 表五之一　家長意見／期待調查表
5. 表五之二　服務使用者興趣調查表
6. 表十四　專業團隊服務申請表／回覆單
7. 表六　服務使用者能力綜合摘要表
8. 表十六　會議紀錄表（評估）

1. 表十五　轉介表

1. 表十六　會議紀錄表（安置）

1. 表六　服務使用者能力綜合摘要表
2. 表六之一　年度評估暨計畫摘要表
3. 表七　個別化服務評量紀錄表
4. 表十六　會議紀錄表（ISP）

1. 表七　個別化服務評量紀錄表
2. 表八　單元活動／社區適應活動計畫
3. 表九　社區適應活動人員配置表
4. 表十　社工組處遇計畫表
5. 表十一　社工組服務紀錄表
6. 表十二　專業團隊服務紀錄摘要表
7. 表十三　ISP督導紀錄表
8. 表十四　專業團隊服務申請表／回覆單
9. 表十五　轉介表
10. 表十六　會議紀錄表（ISP 修改）
11. 表十七　ISP 修正意見表

1. 表四　服務需求及資源連結狀態表
2. 表五　摘要表（定期）
3. 表五之一　家長意見／期待調查表
4. 表五之二　服務使用者興趣調查表
5. 表六　服務使用者能力綜合摘要表
6. 表十　社工組處遇計畫表

1. 表五　摘要表（轉銜）
2. 表六　服務使用者能力綜合摘要表
3. 表十六　會議紀錄表（轉銜）

1. 表十一　社工組服務紀錄表

1. 表五　摘要表（結案）

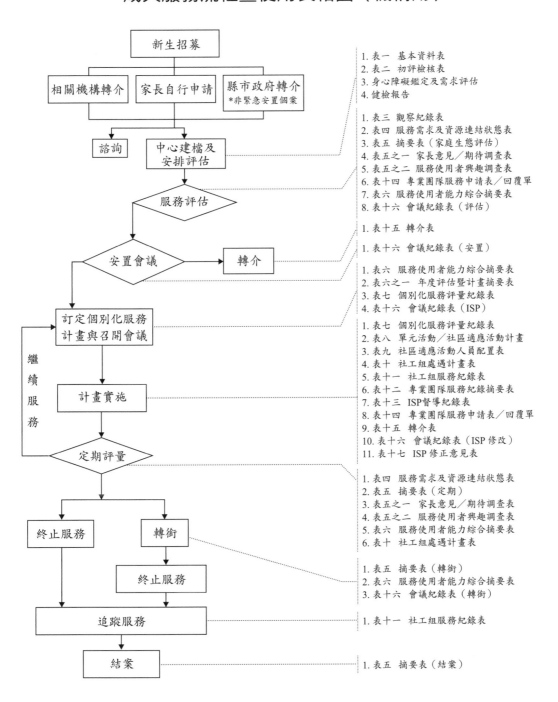

伍 使用表單與填表說明

財團法人○○社會福利基金會 ______________ 中心

基本資料表（表一）

服務起始日期：__________ 填表日期：__________

姓　　名：　性別：　生日：　年　月　日
父親姓名：　職業：　生日：　年　月　日　教育程度：
母親姓名：　職業：　生日：　年　月　日　教育程度：
戶籍地址：　市/縣　區/市/鄉/鎮　路/街　段　巷　弄　號　樓
通 訊 處：　市/縣　區/市/鄉/鎮　路/街　段　巷　弄　號　樓
電　　話：(日)　(夜)　手機：
電子信箱：
身分證字號：　障礙類別：　ICD 代碼：
障礙等級：□輕度　□中度　□重度　□極重度
服務使用者常用語言：□國語　□閩南語　□客語　□其他：

家庭史

父母親婚姻狀況：□同住　□分居　□離婚　□其他：
家庭經濟狀況：□低收入戶　□中低收入戶
□領取身障者生活補助費　□一般戶
與家人及其他重要家人相處情形：

稱謂	姓名	年次	職業	是否同住	對服務使用者態度
				是／否	□親密□普通□疏離□衝突
				是／否	□親密□普通□疏離□衝突
				是／否	□親密□普通□疏離□衝突
				是／否	□親密□普通□疏離□衝突

教育史

學校（就讀班級）	時間起訖	離開原因
		□畢業　□結業　□肄業
		□畢業　□結業　□肄業
		□畢業　□結業　□肄業

健康史

生產過程：□順產　□早產　□難產　原因：
何時發覺有異常狀況：□出生即發現　□3 歲以前　□3 歲至 6 歲　□國小期間
□國中期間　□18 歲以後　□其他
尚合併其他障礙：□視覺　□聽覺　□肢體　□智能　□精神症狀
□情緒或適應行為問題　□其他
對藥物可有過敏：□否　□是 名稱：
對食物可有過敏：□否　□是 名稱：
其他過敏現象：

案號：＿＿＿＿＿＿　　姓名：＿＿＿＿＿＿　　填表日期：＿＿＿＿＿＿

	病名	就醫期間	醫院／科別	醫師	治療內容	治療建議／結果
醫療史						

	單位名稱	服務內容	時間起訖	結束使用原因
接受服務史				

家系圖：

生態圖：

會談摘要：

附註：

緊急聯絡人：　　與服務使用者關係：　　電話：(日)　　(夜)
緊急聯絡人：　　與服務使用者關係：　　電話：(日)　　(夜)

填表者：＿＿＿＿＿＿　　主管：＿＿＿＿＿＿

伍

基本資料表（表一）使用說明

一、使用目的

建立服務使用者的基本資料，以對服務使用者包括家長／家屬、家庭史、教育史、健康史、醫療史、接受服務史等能有概要的了解。

二、使用方法

1.【服務起始日期】、【填表日期】：分別為正式接受單位服務的當日，及填寫本表時當天的日期。基本資料有修訂時，修訂時的日期必須填入。日期依照填寫日期先後順序排列。
2.【姓名】：填寫服務使用者的姓名。
3.【性別】：以服務使用者的性徵填寫性別，男或女。
4.【生日】：填寫服務使用者的出生年月日，依據身分證所載日期，採民國制。
5.【父親姓名】、【母親姓名】：填寫服務使用者的父親、母親的姓名。
6.【職業】：填寫服務使用者父親、母親的職業，如老師、家管、公務員退休等。
7.【生日】：填寫服務使用者父親、母親的出生年月日。
8.【教育程度】：填寫服務使用者父親、母親的教育程度，例如不識字、小學、國中、高中職、專科、大學、研究所等。
9.【戶籍地址】：填寫服務使用者戶籍地址，可參考戶籍謄本、戶口名簿或身心障礙者證明。
10.【通訊處】：填寫服務使用者家庭之實際居住地址，係以主要照顧者為主，如主要照顧者與未來簽訂服務契約之委託人不同時，請將委託人之通訊地址列入次頁之「附註」欄補充。
11.【電話】：填寫日間、夜間便於聯絡案家的電話號碼及手機號碼。請註明該號碼為何人所有。
12.【電子信箱】：填寫案家便於聯繫的電子郵件信箱。請註明該信箱為何人所有。
13.【身分證字號】：身分證字號即為身障證明字號。
14.【障礙類別】、【ICD 代碼】：依據身心障礙證明所載之編碼填寫障礙類別，例如：第一類（○○障）。另須備註ICD代碼，此碼能了解身障者為何類型的疾病致障。

15.【障礙等級】：依據身心障礙證明所載之程度勾選。

16.【服務使用者常用語言】：勾選服務使用者主要使用、較聽得懂的語言。

17.【家庭史】：就服務使用者家庭概況填寫。

(1)「父母親婚姻狀況」：就父母親婚姻關係填寫。

- 「同住」係指兩種狀況：其一是一般婚姻關係，且父母共同居住在一地；其二是沒有婚姻關係，且父母共同居住在一地。原因是其二者，請在「會談摘要」中敘明。
- 「分居」是指仍有婚姻關係但是分居的狀態，而非指居住的狀況，如雙方因故需分開居住，例如工作或生病休養等，請在「其他」補充說明。

(2)「家庭經濟狀況」：就案家經濟情形勾選「低收入戶」、「中低收入戶」者係指由政府確定發給其身分者。「領取身障者生活補助費」者其家庭收入在最低生活費的 1.5 倍及 2.5 倍者均可領取。非以上三類者即列為一般戶。

(3)「與家人及其他重要家人相處情形」：

- 請在表格內填寫服務使用者家人的「稱謂」、「姓名」、「年次」、「職業」，「是否同住」以圈選方式填寫。
- 「對服務使用者態度」：填表人可依據受訪人表達，或蒐集的資料判斷，此處請勾選合適的選項，其餘資料的來源及判斷的依據請在「會談摘要」中敘明。

18.【教育史】：就服務使用者最近三個就學學校、階段填寫。

(1)「學校（就讀班級）」：填寫服務使用者就讀之小學、國中、高中職、大專院校學校名稱和就讀班級型態，例：普通班／資源班／特教班等。

(2)「時間起訖」：填寫於該校之就學期間。

(3)「離開原因」：勾選「畢業」、「結業」或「肄業」。

19.【健康史】：請依據服務使用者或家屬主述填寫。

(1)「生產過程」：就實際發生情形勾選，「原因」請填寫早產／難產的原因。

(2)「何時發覺有異常狀況」：勾選受訪人發現服務使用者的發展有別於正常發展的時間或階段。

(3)「尚合併其他障礙」：依身障證明為多障者，請勾選被判定的障別。身障證明不是多障者，請就觀察到實際合併的障礙情形勾選，或詢問個案家屬後以括號（）補充之。

(4)「對藥物可有過敏」：勾選「是」者，請填寫導致過敏的藥物名稱。對於受訪人無法說明藥名者，請敘明該藥品的特徵，以及在何種病徵之下可能會服用，以利護理人員進一步了解該項藥品正確名稱。
(5)「對食物可有過敏」：勾選「是」者，請填寫導致過敏的食物名稱。
(6)「其他過敏現象」：填寫其他過敏症狀和過敏源。

20.【案號】：編碼應為「年度碼—身分碼—流水號加名字中的一個字」。身分碼成人以 A 表示，不分服務型態；兒童分為 C 日間托育及 C1 部分時制（含日間時制、夜間療育、到宅）。範例：100—A—105 明（王大明為民國 100 年開案，此人為 18 歲以上本服務單位自開辦至今的第 105 位案主）。

21.【姓名】：填寫服務使用者的姓名。

22.【填表日期】：請填寫建檔晤談當天的年月日。基本資料有修訂時，修訂時的日期必須填入。日期依照填寫日期先後順序排列。

23.【醫療史】：就服務使用者接受醫療的概況填寫。
(1)「病名」：填寫曾經罹患的重大疾病、特殊疾病等之名稱。
(2)「就醫期間」：填寫該疾病診治期間。
(3)「醫院／科別」：就診的醫療院所名稱以及就醫科別（就醫科別對日後的照顧很重要，建議將科別直接填寫清楚）。
(4)「醫師」：填寫主治醫師的姓名。
(5)「治療內容」：填寫治療內容或方式，如手術、用藥、復健……。
(6)「治療建議／結果」：填寫醫師治療建議或結果，如定期回診、定期復健或完全康復等。

24.【接受服務史】：就服務使用者曾經接受服務的概況填寫。
(1)「單位名稱」：填寫該單位完整名稱（如福利機構、社區式服務、庇護工場、職訓單位及支持性就業單位等）。
(2)「服務內容」：填寫服務使用者接受該單位服務的內容或方案名稱。
(3)「時間起訖」：填寫服務使用者在該單位接受服務的期間。
(4)「結束使用原因」：填寫服務使用者結束使用該服務的原因。

25.【家系圖】：就服務使用者家庭成員及生活概況繪製家系圖。

26.【生態圖】：就服務使用者家庭的內、外關係及與環境中各種資源之間的聯繫互動關係，繪製生態圖。

27.【會談摘要】：請就本次建檔、晤談及填寫基本資料過程記錄會談摘要。

(1) 補充說明未能於前述各項資料填寫的會談內容。

(2) 補充各項次之說明。

(3) 服務使用者本人及家屬對服務之期待。

(4) 與服務使用者及其家庭有關之特殊事項。

(5) 繪製「家系圖」。

28.【附註】：填寫補充說明。

29.【緊急聯絡人】：填寫服務使用者發生緊急事件時，能參與討論、作決定者，至少應填寫一名。社工應於晤談中向家長／家屬確認該聯絡人同意擔任該角色，且會談後主動向該聯絡人確認其人及聯絡方式。

30.【與服務使用者關係】：填寫該聯絡人與服務使用者之關係。

31.【電話】：填寫聯絡人之日間、夜間聯繫方式。

32.【填表者】：填表人押職章。

33.【主管】：服務單位主管押職章。

三、使用時機

1. 新進服務使用者：應於建檔晤談後三天內完成本表的繕打。
2. 既有服務使用者：

   (1) 本表格應在相關資料有所異動時予以更新。

   (2) 每年應至少檢視一次，每五年並應更新一次。

   (3) 至機構參觀預先建檔輪候者，於建檔當天就可蒐集到的資料進行填寫。

財團法人○○社會福利基金會＿＿＿＿＿＿＿＿中心

初評檢核表（表二）

案號：＿＿＿＿＿ 姓名：＿＿＿＿＿ 填表者：＿＿＿＿＿ 填表日期：＿＿＿＿＿

《溝通與理解》

1. 表達能力：
   □會主動表達自己的意願 □在他人引導之下表達意見 □表達意見十分困難
2. 表達方式：
   □以完整的句子表達 □以短句表達 □以單字／詞表達 □使用溝通輔具
   □以動作／手勢表達 □完全無法表達
3. 對語言的理解能力：
   □完全能理解 □必須轉換簡單詞句才能理解
   □必須以圖卡或實際物品呈現才能理解 □僅能理解幾個簡單的語詞
4. 特殊情形，說明：

《基本生活概念與能力》

1. 能指出五官：□眼 □耳 □鼻 □口 □舌
2. 有數字概念：□認識所有數字 □能數到 100 □能數到 10 □無法數數
3. 認識常用的物品：□能指認出 10 樣以上物品 □能指認出自己所使用的物品
   □無法指認
4. 閱讀能力：□能閱讀文字 □能閱讀繪本 □能讀出自己或親近家人的名字
   □無法閱讀
5. 書寫能力：□能寫出有意義的文句 □能寫少量生活用語 □能仿寫
   □能寫自己或親近家人的名字 □無法書寫
6. 時間觀念：□能看指針鐘時間 □能看數字鐘時間
   □時間提示（聲音提示／圖示）下知道作息時間 □無時間觀念
7. 金錢使用：□認識錢幣與幣值 □知道存錢的意義 □無法理解金錢的意義
   □能如常自行使用金錢（含找錢） □在協助下使用小額金錢
   □無法自行運用
8. 使用工具：□剪刀 □膠水 □膠帶 □其他
9. 交通能力：□可自行搭車／步行往返 □在他人協助下可搭車／步行往返
   □完全需要他人接送
10. 其他，請說明：

《動作》

1. 抓握能力：□會自己一手拿起或放下物品 □會自己雙手拿起或放下物品
   □在他人協助下抓握物品 □完全無法抓握物品
2. 操弄物品：□會敲東西 □會舀東西
   □會甩動或搖動東西 □會擠捏東西
   □會拉或推東西 □會高舉物品
   □會扭轉或翻轉物品 □會揉搓物品

3. 追視能力：
□能主動追視物品／人 □在協助下追視物品／人 □無法追視物品／人
4. 大肌肉動作：
(1) 站：□可獨立站起 □需他人協助站起 □需使用輔具站起 □需完全協助
(2) 坐：□可獨立坐下 □需他人協助坐下 □需使用輔具坐下 □需完全協助
(3) 走：□可獨立行走 □需他人攙扶 □需使用輔具 □需完全協助
(4) 蹲：□可自行蹲下 □需他人攙扶 □需使用輔具 □需完全協助
(5) 上下樓梯：□可獨立完成 □需他人協助 □需使用輔具 □需完全協助
5. 特殊情形，說明：

《生活自理》（參採 ADL 日常生活活動量表）
1. 用　餐：□獨立完成 □口語提示下完成 □在動作協助下完成 □需完全協助
2. 喝　水：□獨立完成 □口語提示下完成 □在動作協助下完成 □需完全協助
3. 服　藥：□獨立完成 □口語提示下完成 □在動作協助下完成 □需完全協助
4. 洗　手：□獨立完成 □口語提示下完成 □在動作協助下完成 □需完全協助
5. 刷　牙：□獨立完成 □口語提示下完成 □在動作協助下完成 □需完全協助
6. 洗　臉：□獨立完成 □口語提示下完成 □在動作協助下完成 □需完全協助
7. 沐　浴：□獨立完成 □口語提示下完成 □在動作協助下完成 □需完全協助
8. 穿衣褲：□獨立完成 □口語提示下完成 □在動作協助下完成 □需完全協助
9. 脫衣褲：□獨立完成 □口語提示下完成 □在動作協助下完成 □需完全協助
10. 穿鞋襪：□獨立完成 □口語提示下完成 □在動作協助下完成 □需完全協助
11. 脫鞋襪：□獨立完成 □口語提示下完成 □在動作協助下完成 □需完全協助
12. 如　廁：□獨立完成 □口語提示下完成 □在動作協助下完成 □需完全協助
13. 處理月經（女生適評）：
□獨立完成 □口語提示下完成 □在動作協助下完成 □需完全協助
14. 刮鬍子（男生適評）：
□獨立完成 □口語提示下完成 □在動作協助下完成 □需完全協助
15. 特殊情形，說明：

《社會行為》
1. 互動模式：□與他人正常互動 □在口語提示下能與他人互動
□幾乎不與他人互動
2. 配合指令：□接收指令後可自行完成 □在口語／動作提示下能完成
□無法配合指令，只會照自己的意思做或離開現場
3. 適應陌生人：□無適應問題 □需短暫時間即可適應 □需較長的時間才能適應
4. 適應陌生環境：□無適應問題 □需短暫時間即可適應 □需較長的時間才能適應
5. 專注力：□對有興趣的事物能專注半小時 □對有興趣的事物能專注 10 分鐘
□對有興趣的事物能專注 5 分鐘 □專注力僅 10 秒之內
6. 適應環境轉換：□可適應 □不可適應
7. 午休習慣：□午休可趴睡 □無法午睡 □午睡叫不起來
8. 睡眠行為：□夜間睡眠正常 □夜間不睡 □半夜醒來多次 □早晨不易叫醒
9.其他，請說明：

伍

《情緒行為》

1. 傷害他人：

□無 □用頭撞人 □抓人 □抓人頭髮 □打／敲人 □推／撞人
□踢／踹人 □對人吐口水

2. 傷害自己：

□無 □咬手 □摳皮膚或傷口 □打頭／頸 □拍臉頰 □抓自己頭髮
□撞頭

3. 言語或聲音：

□無 □發出怪聲 □喊叫 □尖叫 □哭泣 □喃喃自語

4. 破壞物品：

□無 □丟物品 □摔物品 □撕物品 □敲壞物品 □拆解物品

5. 不合常規的社會行為：

□無 □未經許可拿他人物品 □不斷找人幫忙 □不斷跪地
□躺地不起 □在地上打滾 □碰觸／撫摸別人 □擁抱別人
□碰觸／撫摸自己身體部位 □在公開場合脫光衣服
□吐口水在腳邊 □暴衝行為 □躁動不安
□過動行為 □遊走 □用力跳躍頓地 □過度退縮行為
□其他，請說明：

《休閒與個人喜好》

喜歡的活動＿＿＿＿＿＿＿＿

不喜歡的活動＿＿＿＿＿＿＿＿

愛吃的食物／飲料／物品＿＿＿＿＿＿＿＿

不愛吃的食物＿＿＿＿＿＿＿＿

喜愛的人＿＿＿＿＿＿＿＿

喜歡看的電視節目＿＿＿＿＿＿＿＿

討厭的事物＿＿＿＿＿＿＿＿

其他，請說明＿＿＿＿＿＿＿＿

《補充說明》（請參考使用說明）

初評檢核表（表二）使用說明

一、使用目的

對服務使用者在「溝通與理解」、「基本生活概念與能力」、「動作」、「生活自理」、「社會行為」、「情緒行為」、「休閒與個人喜好」等項目之能力做第一次基本的評估，以利建立基本資料及對其未經本單位服務前的基礎能力之認識。

二、使用方法

1. 【案號】：填寫服務使用者在中心的流水編號。
2. 【姓名】：填寫服務使用者的姓名。
3. 【填表者】：填寫人的姓名，可簽章。
4. 【填表日期】：初評當天的日期（年、月、日）。
5. 【溝通與理解】：請從與服務使用者及家屬會談間做觀察，就「表達能力」、「表達方式」、「對語言的理解能力」逐項評估完成勾選，若有未竟事宜或特殊事項，則請務必填寫補充於特殊情形。
6. 【基本生活概念與能力】：為了解服務使用者之各項基本生活概念，請逐項評估勾選，若有需補充事項請填寫於其他。
7. 【動作】：請服務使用者依各項目指令做出動作，填表人現場觀察後，在最符合服務使用者之表現處做勾選。
8. 【生活自理】：各項目可詢問家屬，且現場測試服務使用者操作能力後做實際觀察，以完成勾選。（參採 ADL 日常生活活動量表）
9. 【社會行為】：各項目可詢問家屬，且現場可利用教具請服務使用者操作後做實際觀察，以完成勾選。
10. 【情緒行為】：各項目可詢問家屬，且現場可利用教具請服務使用者操作後做實際觀察，以完成勾選。
11. 【休閒與個人喜好】：各項目可詢問家屬及服務使用者本人後完成填寫。
12. 【補充說明】：請補充服務使用者在開心時、生氣時、害怕時、被要求時、拒絕時的行為表現，以及描述其居家作息情形等。有關社會適應及情緒行為之勾選結果亦可於此說明，亦可說明服務使用者在以上情形或有特殊情境時會引發的反應，並記錄評估過程中家屬描述的狀況，以及家屬使用何種策略或策略使用後的結果。有關性相關的評估指標參採 ICF 的指標。

三、使用時機

於新進服務使用者建檔晤談當日現場填寫，並自當日起計算，三天內完成本表繕打。

財團法人○○社會福利基金會 ________________ 中心

觀察紀錄表（表三）

姓名：____________　填表者：____________　日期：____年____月____日

領域別	觀察記錄

組長：________________

觀察紀錄表（表三）使用說明

一、使用目的

1. 為了解服務使用者入中心時各領域之能力表現及現況。
2. 為了解服務使用者的需求、興趣、習慣及特質。
3. 尋找有效的引導方法及策略。
4. 可作為擬定個別化服務計畫各領域之參考。

二、使用方法

1. 【姓名】：填寫服務使用者姓名。
2. 【填表者】：依機構性質、填表者職稱不同，在「____」附註標示處，可進行名詞置換。
   (1) 早療：教保員。
   (2) 成人：教保員（日間照顧）、生活服務員（住宿）。
3. 【日期】：填寫本表時的年、月、日。
4. 【領域別】：依服務使用者、機構性質不同，參考各單位之相關領域資料，進行填寫。
   (1) 早療：依據香港協康會出版之《兒童發展評估表（修訂版）》[註①]所列之六大領域，包括：大肌肉、小肌肉、自理、認知、語言、社交與情緒。
   (2) 成人：日間照顧或住宿服務使用者，依據本會編著之《身心障礙福利服務機構服務使用者能力檢核評估表》中的九大項目：生活自理、動作技能、人際溝通、休閒活動、性別教育、膳食處理、技藝陶冶、社會適應、輔具應用。配合六大領域：居家生活、休閒娛樂、健康管理、作業活動、家庭支持、社會參與。
5. 【觀察記錄】：請填寫對新進服務使用者行為、能力表現與需求及想望的觀察記錄資料，若需描述行為表現、能力水準，可參考以下評量用詞：「完全支持」、「動作協助」、「動作示範」、「動作提示」、「口語提示」、「依提示卡或圖

註① 協康會（編著）（2007）。兒童發展評估表（修訂版）。香港：協康會出版。

片完成」、「獨立完成」。

三、使用時機

1. 本表在使用前，中心內部之教保員、社工員及組長／副組長應先初步閱讀服務使用者資料後，再以小組方式進行討論，來決定新進服務使用者觀察重點。
2. 中心依據本身的服務使用者、服務性質，選用合適之參考資料；依參考資料內容，制訂符合中心所需的觀察領域之相關重點。
3. 使用本表進行新進服務使用者觀察記錄時，日、夜間記錄要分開。第一週每天記錄但無須填寫所有領域，依新進服務使用者當日有所表現的領域做觀察記錄，但第一週內所有領域都應觀察記錄到；第二週起每週填寫觀察記錄一次，所有領域均應觀察並記錄，連續填寫一個月，且加上組長簽章。
4. 夜間住宿服務應著重在生活活動指導，觀察重點包括居家生活、休閒活動、體適能活動等。
5. 各中心可依需要增加或減少觀察領域項目。

財團法人○○社會福利基金會＿＿＿＿＿＿＿＿中心

服務需求及資源連結狀態表（表四）

評量期間：＿＿年＿＿月～＿＿年＿＿月　　　　評量日期：＿＿年＿＿月＿＿日

案號			姓名							
分類	需求項目	需求評估	連結資源			未能連結資源之原因				
						外在障礙				內在障礙
		需此項資源（✓需求者）	已連結所需資源	已連結部分資源	未能連結到資源	資源有限制	無法連結資源	資源已被案主耗盡	缺乏次要資源	
健康醫療	101. 一般性疾病醫療（　　　）									
	102. 精神科醫療									
	103. 物理治療									
	104. 職能治療									
	105. 語言治療									
	106. 聽力復健									
	107. 視力復健									
	108. 心理復健									
	109. 營養諮詢									
	110. 居家醫療									
	111. 居家護理									
	112. 居家復健									
	113. 輔助器具									
	114. 身障再鑑定									
	115. 重大疾病醫療									
	116. 酒癮治療									
	117. 藥癮治療									
	118. 發展評估									
教育發展	201. 身心障礙者升學甄試									
	202. 學力鑑定									
	203. 夜間補校									
	204. 課業輔導									
	205. 融合教育									

分類	需求項目	需求評估	連結資源			未能連結資源之原因				
						外在障礙				
		需求者（✓需此項資源）	已連結所需資源	已連結部分資源	未能連結到資源	資源有限制	無法連結資源	資源已被案主耗盡	缺乏次要資源	內在障礙
教育發展	206. 巡迴輔導									
	207. 在學助理									
	208. 成人教育									
職業重建	301. 職前準備									
	302. 職業重建個案管理									
	303. 一般性就業服務									
	304. 支持性就業服務									
	305. 庇護性就業服務									
	306. 職業輔導評量									
	307. 職務再設計									
	308. 職業訓練									
	309. 創業輔導									
	310. 市場攤位									
	311. 公益彩券經銷商									
安置照顧	401. 日間型生活照顧機構									
	402. 全日型住宿機構									
	403. 夜間型住宿機構									
	404. 安養中心									
	405. 護理之家									
	406. 精神復健機構									
	407. 緊急安置									
	408. 寄養家庭									
	409. 長照日間照顧服務									
	410. 長照小規模多機能服務									
個人支持	501. 居家照顧服務									
	502. 送餐服務									
	503. 生活重建									
	504. 心理重建									

伍

分類	需求項目	需求評估	連結資源			未能連結資源之原因				
						外在障礙				
		（✓需求者）需此項資源	已連結所需資源	已連結部分資源	未能連結到資源	資源有限制	無法連結資源	資源已被案主耗盡	缺乏次要資源	內在障礙
個人支持	505. 社區居住									
	506. 婚姻與生育輔導									
	507. 兩性交往									
	508. 社區式日間照顧服務									
	509. 社區日間作業設施服務									
	510. 家庭托顧服務									
	511. 改善家人（服務使用者）觀念及關係									
	512. 加強溝通能力									
	513. 定向行動訓練									
	514. 手語翻譯服務									
	515. 諮商輔導服務									
	516. 加強生活自理能力									
	517. 信託服務									
	518. 轉銜服務									
	519. 自立生活支持服務									
家庭支持	601. 加強家人照顧能力									
	602. 非正式人力服務									
	603. 非正式人力家事服務									
	604. 醫療看護									
	605. 親職教育									
	606. 臨時及短期照顧服務									
	607. 緊急救援與安全服務									
	608. 照顧者支持及訓練與研習									
	609. 新移民支持性服務									
	610. 長照家庭照顧者支持服務									

分類	需求項目	需求評估	連結資源			未能連結資源之原因				
						外在障礙				
		需此項資源（✓需求者）	已連結所需資源	已連結部分資源	未能連結到資源	資源有限制	無法連結資源	資源已被案主耗盡	缺乏次要資源	內在障礙
生活扶助	701. 低收入戶生活補助									
	702. 身障者生活補助									
	703. 日間照顧及住宿式照顧費用補助									
	704. 醫療補助									
	705. 療育補助									
	706. 居家照顧費用差額補助									
	707. 生活及復健輔助器具補助									
	708. 國民年金									
	709. 房屋租金及購屋貸款利息補貼									
	710. 購買停車位貸款利息補貼或承租停車位補助									
	711. 急難救助									
	712. 健保自付保費補助									
	713. 勞保自付保費補助									
	714. 特殊境遇家庭扶助									
	715. 學雜費減免補助									
	716. 交通費補助									
	717. 職訓生活補助									
	718. 失業給付									
	719. 其他經濟協助									
居住服務	801. 申請平價住宅									
	802. 申請承租／購置國宅									
	803. 改善居家無障礙環境									
	804. 租屋服務									
	805. 戶籍遷徙									
	806. 協助搬家									
	807. 申請社會住宅									

伍

分類	需求項目	需求評估	連結資源			未能連結資源之原因				
						外在障礙				
		（✓需求者）需此項資源	已連結所需資源	已連結部分資源	未能連結到資源	資源有限制	無法連結資源	資源已被案主耗盡	缺乏次要資源	內在障礙
法律服務	901. 法律諮詢									
	902. 法律扶助									
	903. 協助監護或輔助宣告									
社會支持	1001. 社會參與									
	1002. 宗教關懷									
	1003. 交通服務									
	1004. 公平之政治參與									
	1005. 無障礙環境									
	1006. 輔助科技設備及服務									
	1007. 關懷訪視及友善服務									
其他	1101. 兵役問題									
	1102. 其他									
合計										
整體評量	1.優先的項目： 2.其他意見及補充：									

註：本表係參考「臺北市身心障礙資源中心個案服務需求及資源連結狀態表」修改。

填表社工員：＿＿＿＿＿＿　社工督導：＿＿＿＿＿＿　中心主管：＿＿＿＿＿＿

服務需求及資源連結狀態表（表四）操作說明

分類	需求項目	操作說明
健康醫療	101. 一般性疾病醫療（　　）	1. 空白處請依看診加註科別。 2. 身體不適需要看診或住院。 3. 因疾病情況惡化、疾病復發、需要矯治、整型、手術等。 4. 需要醫療資訊（如醫療資源、就醫安排）。
	102. 精神科醫療	1. 門診治療：一般精神科門診、兒童精神科門診、恐慌症、憂鬱症、強迫症、藥癮、酒癮、鋰鹽治療、新藥、心理治療、家族治療等特別門診。 2. 急診治療：急診觀察及緊急治療和處置。 3. 急性住院治療：出現攻擊、破壞行為、嚴重幻覺、妄想、重度憂鬱，有自傷、傷人傾向，無法接受門診治療或需強制住院時。 4. 復健住院治療：收治病情穩定、具病識感、有工作動機及潛能病患，藉由各治療性活動，積極訓練獨立生活、人際關係及工作能力。 5. 日間留院（日間照護中心）：集中各類精神科醫療專業人員，以團體活動方式協助進行社會心理復健。 6. 居家治療：社區中精神障礙者發生危機狀況時或因故無法定期至醫院就診，可由醫師、護理師等醫療人員前往病患家中進行各項醫療處置。
	103. 物理治療	1. 需要動作控制（動作障礙、肌肉無力、動作協調障礙）。 2. 需要步行或移位訓練。 3. 需要做疼痛控制（如肩膀痛、腰背痛、筋骨關節痛、癌症病患）。 4. 併發症之預防及處理（如關節僵硬、攣縮、褥瘡、肺炎、膀胱炎、骨質疏鬆、感覺異常等）。 5. 利用運動治療、操作治療及儀器治療等方法，或利用光、電、水、冷、熱、力等物理因子來評估及治療： (1) 骨科物理治療（骨骼肌肉系統疾病）：骨科術前及術後物理治療（骨折術後、人工關節置換後、術後造成的關節攣縮）、下背疼痛、椎間盤突出、頸部痠痛、運動傷害（韌帶扭傷、肌肉拉傷、肌腱發炎、網球肘等）、關節病變（退化性關節炎、僵直性脊椎炎等）、脊柱側彎、五十肩（冷凍肩）等。 (2) 神經物理治療（神經系統疾病）：腦血管病變（腦中風）、頭部外傷、脊髓損傷病患、周邊神經受傷或病變、顏面神經麻痺、多發性硬化症、脊髓性肌萎縮、小兒麻痺症候群等。

分類	需求項目	操作說明
健康醫療		(3)小兒物理治療（小兒問題）：斜頸、臂神經叢受傷、腦性麻痺、心智動作發展遲緩、脊柱裂等。 (4)心肺物理治療：心肺手術術前之衛教及術後心肺功能訓練，包括冠狀動脈手術、心肺移植手術、慢性肺疾病、氣喘等。
	104. 職能治療	1. 生理疾患〔腦血管疾病（中風）、脊髓損傷、腦傷、關節炎、背痛、退化性疾病及知覺異常、燒傷、周圍神經病變、截肢、小兒麻痺等肢體障礙者等病患〕：評估患者肢體動作、感覺、知覺和認知，確立功能的障礙程度，訂定治療計畫，運用活動特性與運動神經肌肉之控制技術來治療。 2. 精神疾病：運用活動作為治療媒介，提供各種不同活動（如木工、編織、陶工、繪畫、舞蹈、音樂、書法、弈棋及一般娛樂活動等），致使身心之不平衡得到宣泄，同時利用活動參與定期評估及發掘問題，促進個體維持、發展或重建日常生活、工作、學業、休閒及社會化功能。
	105. 語言治療	1. 構音異常（口齒不清）。 2. 嗓音異常（聲音沙啞）。 3. 語暢異常（口吃）。 4. 語音符號異常（語音發展遲緩、失語症）。 5. 多重語音異常（腦傷、唇傷、腦性麻痺、唇顎裂、顎障、智能障礙、自閉症、聽障）。
	106. 聽力復健	為讓原本喪失的功能或原本沒有的功能，能利用在戴上聽覺輔具後，經由聽覺訓練，使其恢復或獲得部分功能，項目如下： 1. 聽覺輔具需求評估。 2. 聽覺輔具選配。 3. 聽能訓練。
	107. 視力復健	為讓原本喪失的功能或原本沒有的功能，藉配戴適宜的輔助器具，如擴大機、眼鏡等，使其促進或改善部分功能。
	108. 心理復健	1. 情緒影響：震驚、恐懼、悲傷、生氣、罪惡、羞恥、無力、無助、無望、麻木、空虛以及喪失快樂及愛之能力。 2. 認知影響：困惑、猶豫、無法集中注意力、記憶力喪失、不想要之回憶、自責。 3. 身體影響：疲倦、失眠、身體疼痛、身體緊張、心悸、噁心、食慾改變、性慾改變。 4. 人際影響：無法信任、無法親密、失控、覺得被拒絕、被放棄、退縮、工作問題、學校問題。

分類	需求項目	操作說明
健康醫療		5. 心理諮商：協助個體解決其人格發展過程中所產生之心理障礙，如情緒不平衡、動機衝突挫折、人際關係不良、社會關係適應困難等心理問題，促進其身心健全發展。 6. 心理治療：應用心理學原則、方法與技術，對一個人的人格功能問題、情緒生活之不良適應以及精神症狀之治療工作。 (1) 領悟性心理治療：協助了解自己情緒反應為根據，領悟其行為的動機，從了解領悟的過程中去解決其心理癥結。 (2) 支持性心理治療：利用治療者與病人間良好專業關係，支持病人並使病人能安全度過其生活危機，避免精神崩潰。 (3) 行為心理治療：訓練病人去改善目前的症狀及行為反應。
	109. 營養諮詢	1. 營養不良或營養過度。 2. 因身心障礙或疾病需要特殊飲食。 3. 需要有關營養之諮詢。
	110. 居家醫療	1. 有明確醫療需求。 2. 因失能或疾病特性致外出就醫不便。 3. 家屬認同接受居家醫療照護方式。
	111. 居家護理	1. 病人只能維持有限之自我照顧能力，即清醒時間超過50%以上活動限制在床上或椅子上。 2. 有醫療與護理服務項目需要服務者（如注射、更換或拔除鼻胃管護理、鼻胃管灌氣指導及衛教、更換氣切內外管護理、膀胱訓練、膀胱灌洗、大小量灌腸、長期留置導尿管、尿袋更換及護理、呼吸消化及泌尿各式導管與造口之護理、一般傷口壓瘡及各種傷口換藥、血壓、血糖、尿糖之測定、各項檢驗及檢體採集並代送返院檢查、衛生教育及營養指導）。 3. 病情穩定能在家中進行醫護措施者。 4. 因故無法在家中進行醫護措施，而在社政主管機關核准設立之安養、養護機構進行醫護措施者。 5. 產後護理。
	112. 居家復健	由治療師提供居家復健指導。
	113. 輔助器具	1. 現成或特殊訂製輔助器具。 2. 需要有關輔助器具之資訊。
	114. 身障再鑑定	身心障礙者依障別與等級之不同至醫療院所鑑定。
	115. 重大疾病醫療	符合衛福部公告之重大傷病範圍。
	116. 酒癮治療	1. 長期飲酒導致生理、心理依賴而造成身心健康惡化。 2. 治療方式包括：藥物治療、心理治療、行為治療、自助團體。

分類	需求項目	操作說明
健康醫療	117. 藥癮治療	1. 長期濫用某種藥物成癮產生生理、心理依賴而造成身心健康惡化。 2. 治療方式包括：藥物治療、心理治療、行為治療、自助團體。
	118. 發展評估	針對幼兒各項領域發展狀況至醫療院所進行評估，評估項目包含兒童心智、小兒神經、小兒復健、遺傳內分泌、物理、職能、語言、心理治療、聽力、視力、社工等。
教育發展	201. 身心障礙者升學甄試	1. 一般性升學。 2. 身心障礙者參加各項考試（如高中職、大專院校等）需要特殊考試方法或申請加分，請參閱教育單位每年應試辦法。
	202. 學力鑑定	身心障礙者因學業中斷，經由自修或參與相關課程參加鑑定。
	203. 夜間補校	教育學制的一種，包括國中夜補校、高中、高職夜補校等。
	204. 課業輔導	係指在學校正式課業時間外，提供給學生課業協助之服務。
	205. 融合教育	身心障礙兒童回歸到正常化的教育環境，在普通班中提供特殊教育和相關服務措施。
	206. 巡迴輔導	1. 由社政及教育單位分派專業人員至幼兒園提供專業協助。 2. 由教育單位分派專業人員至各國中、小提供專業服務。
	207. 在學助理	身心障礙學生就讀公私立大專院校，需申請在學助理者，可參閱「教育部補助大專校院招收及輔導身心障礙學生實施要點」。
	208. 成人教育	提供不再參與一般學校教育的成人有關基本教育、進修教育、職業進修教育、生活及休閒教育等活動機會。
職業重建	301. 職前準備	1. 已具有基本的工作技能，但尚未就業之身心障礙者，進入職前準備，以加強其技能，並促進順利就業。 2. 因應已就業之身心障礙者，為強化工作技能，進入就業適應，使其於職場上更能穩定就業。
	302. 職業重建個案管理	職業重建個案管理是提供身心障礙者在整個求職過程中從頭到尾完整服務的主要推手。包括辦理就業轉銜、職業重建諮詢、開案評估、擬定初步職業重建服務計畫，分派或連結適當服務、資源整合與獲取，服務追蹤及結案評定等。
	303. 一般性就業服務	1. 求才：協助雇主尋找合適之身心障礙者。 2. 求職：協助身心障礙者尋找適合之工作機會，並進行人與事的媒合。 3. 提供就業前準備訓練、就業媒合、就業適應、就業輔導與追蹤、就業諮詢、勞資協調等服務。 4. 增進服務使用者多元化就業機會。 5. 針對服務使用的個別需要，提供資源連結、轉介的服務。

分類	需求項目	操作說明
職業重建	304. 支持性就業服務	1. 服務對象：經過評估，對於具有就業意願及就業能力，而尚不足以獨立在競爭性就業市場工作之身心障礙者。 2. 工作環境：強調在融合的工作環境與一般非障礙者一起工作。 3. 薪資所得：正式、有薪給的工作，每週平均工時不少於20小時，薪資不得低於基本工資。 4. 持續支持：就業服務員須在工作現場密集且持續性的輔導，提供專業的支持，如工作技巧訓練、環境適應、職務再設計、交通、社交、健康與財物等，使其能獨立工作。 5. 支持項目：包括工作表現、工作態度、社交支持及健康支持。
	305. 庇護性就業服務	1. 對於具有就業意願，而就業能力不足，無法進入競爭性就業市場，需長期就業支持之身心障礙者，應依其職業輔導評量結果，提供庇護性就業服務。 2. 庇護性就業員工視為正式員工。
	306. 職業輔導評量	1. 評估服務使用者職業能力和職業性向。 2. 提供職業生涯規劃的參考。 3. 評量內容：晤談、日常生活功能、獨立生活技巧、智能測驗、成就測驗、性向測驗、興趣測驗、工作性格、工作喜好、體能、特殊環境需求、工作行為評估、工作樣本評估。 4. 依評量工具協助發展符合個別需求的計畫，並據此提供就業服務。
	307. 職務再設計	1. 改善工作環境及動線。 2. 改善工作場所設備或提供輔具。 3. 調整工作內容與工作流程。
	308. 職業訓練	1. 訓練缺乏專長或就業條件之服務使用者，具備就業所需要的知識、技能、技術或技巧。 2. 需要轉業或再就業之準備。
	309. 創業輔導	1.由中央及各縣市政府提供自力更生創業補助。 2.補助擬創業之身障市民營業場所房租租金及設備費。
	310. 市場攤位	市場管理處於新規劃公有市場時，優先保留部分比例之攤位供身心障礙者申請經營，詳請洽各地方政府。
	311. 公益彩券經銷商	由財政部指定之金融機構發行，分為電腦型、傳統型和立即型彩券。申請經銷商須洽當年度接受委辦之金融機構。
安置照顧	401. 日間型生活照顧機構	提供經需求評估需參與日間活動、技藝陶冶或生活照顧之身心障礙者日間服務之場所，分為生活重建機構及生活照顧機構。

分類	需求項目	操作說明
安置照顧	402. 全日型住宿機構	以機構式之服務，提供經需求評估需 24 小時提供生活照顧服務之身心障礙者住宿服務之場所。
	403. 夜間型住宿機構	提供身心障礙者夜間住宿之機構。
	404. 安養中心	安養自費老人或留養無扶養義務之親屬或扶養義務之親屬無扶養能力之老人。
	405. 護理之家	1. 收容對象為罹患慢性病需長期護理之病人，以及出院後需繼續護理之病人（巴氏量表 60 分以下或克氏量表 3 級以上）。 2. 提供日常生活照護、相關單位轉介服務、簡易復健及其他醫療、護理服務。
	406. 精神復健機構	提供有關工作能力、工作態度、社交技巧及日常生活處理能力之復健治療，協助精神障礙者逐漸適應家庭及社會生活之機構。 1.社區復健中心（含庇護性工作職場）。 2.康復之家。
	407. 緊急安置	1. 處於危險之環境中（天然災害、意外事件）。 2. 遭受虐待或疏忽。 3. 即將失去住處。
	408. 寄養家庭	原家庭無法或不適合提供適當之生活照顧與教養，而暫時予以安置另一家庭。
	409. 長照日間照顧服務	將被照護者於白天時間就近至日間照顧中心接受服務，包含基本照顧、餐飲服務、交通接送、提供健康促進活動，也針對家屬進行指導與諮詢服務。
	410.長照小規模多機能服務	提供被照護者日間照顧服務外，擴充居家服務與臨時住宿服務（喘息服務）。
個人支持	501. 居家照顧服務	對生活自理能力缺損之身心障礙者，經專業評估後由專業人員至其家宅中提供照顧之服務。 1. 家務及日常生活照顧：換洗衣物之洗滌與修補、居家環境改善（以服務使用者基本生活範圍為主）、家務與文書服務、友善訪視、餐飲服務、陪同或代購生活必需品、陪同就醫或聯絡醫療機構、法律諮詢、其他相關居家服務。 2. 身體照顧：協助沐浴、穿換衣服、進食、服藥、翻身、拍背、肢體關節活動、上下床、陪同散步、運動、協助使用日常生活輔助器具、其他。
	502. 送餐服務	指提供餐食予無法準備餐食之獨居或家屬無法提供照顧之身心障礙者，解決其餐食問題。

分類	需求項目	操作說明
個人支持		藉由送餐服務，針對生活自理能力缺損、行動不便者或主要照顧者無法提供餐食者得到最基本之生理需求，給予人性化的關懷與支持，並適時掌握其生活動態，提供社會福利之適切服務。
	503. 生活重建	對有生活支持之身心障礙者，由專業人員提供日常活動、技藝陶冶、輔具指導等相關作業活動或訓練等，以改善或維持其獨立生活能力，協助其重建生活。
	504. 心理重建	由專業人員應用心理學之原則及方法，協助處理身心障礙者之心理適應問題，重建其完整人格及適應能力。
	505. 社區居住	為提供需要生活支持與協助之身心障礙者多元居住服務型態之選擇，由身心障礙福利機構、團體組成專業服務團隊，以一般社區住宅房舍提供身心障礙者非機構式之居住服務。
	506. 婚姻與生育輔導	由專業人員應用專業知能與技巧，提供身心障礙者有關婚姻諮商、生育保健及親職等諮商輔導及協助服務。
	507. 兩性交往	由專業人員應用專業知能與技巧，提供身心障礙者有關異性／同性／雙性交往、性教育等諮商輔導及協助服務。
	508. 社區式日間照顧服務	1. 18歲以上之身心障礙者；或未滿18歲經主管機關同意者。 2. 在一般任務與需求或自我照顧活動能力偶爾、經常或全部有困難，以社區式日間照顧服務可促進該活動表現者。 3. 服務內容： (1) 生活自理能力增進。 (2) 人際關係及社交技巧訓練。 (3) 休閒生活服務。 (4) 健康促進服務。 (5) 社區適應服務。 4. 每週 40 小時「課程活動」，以多元體驗的課程活動，維持生活自理能力為主，課程安排較多元且彈性。 5. 其他社區式日間照顧服務。
	509. 社區日間作業設施服務	1. 15 歲以上身心障礙且有參與社區日間作業設施活動意願者。 2. 在習得技能活動能力經常或全部有困難，但自我照顧（照料個人健康或安全除外）活動能力為偶爾、很少或無困難，以社區日間作業設施活動可促進活動及參與表現者。 3. 服務內容：對無法進入庇護性就業服務場所之身心障礙者，於社區日間作業設施提供服務時，以作業活動為主，自立生活及休閒文康為輔。 4. 每週 20 小時「作業活動」＋ 20 小時「單元活動」。

分類	需求項目	操作說明
個人支持	510. 家庭托顧服務	家庭托顧係指由家庭托顧服務員於其住所內，除依受照顧者之意願及能力協助參與社區活動，提供下列服務內容： 1. 身體照顧服務：包含協助如廁、沐浴、穿換衣服、口腔清潔、進食、服藥、翻身、拍背、上下床、陪同運動、協助使用日常生活輔助器具及其他服務。 2. 日常生活照顧服務：包含文書服務、膳食服務、文康休閒及協助參與社區活動等服務。 3. 安全性照顧：注意異常狀況、緊急通報醫療機構、協助危機事故處理及其他相關服務。
	511. 改善家人（服務使用者）觀念及關係	改善下列任何一種或一種以上家人間，或其與服務使用者間的觀念及關係： 1.家人對身心障礙者有不符合其需要的期待。 2.家庭成員間互不來往或有嚴重衝突。 3.家人不關心其問題和需求（如其復健、治療、就學、就醫、就業等計畫）。
	512. 加強溝通能力	遭遇生活中任何適應問題。
	513. 定向行動訓練	對中途致殘之視障者提供行動方向能力之訓練。
	514. 手語翻譯服務	提供聽語障者參與會議、就業或洽公時之手語服務。
	515. 諮商輔導服務	提供身心障礙者諮商輔導服務。
	516. 加強生活自理能力	對居家之身心障礙者提供生活技能、社區適應、知覺動作、認知能力等訓練。
	517. 信託服務	委託人將財產權轉移或為其他處分，使受託人依信託本旨，為受託人之利益或特定目的，管理或處分信託財產之關係。
	518. 轉銜服務	當服務使用者面臨生涯上及需求的轉換時，為使其能盡快適應未來的環境，結合各專業團隊合作，提供服務使用者整體且持續性的個別化服務。
	519. 自立生活支持服務	自立生活支持服務是為了協助身心障礙者和一般人一樣擁有生活「自主決定權」而辦理之服務。 1. 18 歲以上且有自立生活意願之身心障礙者。 2. 以提供自立生活能力增進與支持、合適住所的協助與提供、社會參與及人際關係協助服務、健康支持服務、同儕支持、社會資源連結與協助等自立生活支持服務可促進活動及參與表現者。 3. 服務內容： (1) 自立生活能力增進及支持，包括個人生活協助服務、財務及時間管理、交通及輔具資訊協助。 (2) 合適住所之協助及提供，包括協助住所租賃、無障礙環境改善。 (3) 社會參與及人際關係協助。

分類	需求項目	操作說明
個人支持		(4) 健康支持服務，包括保健諮詢、陪同就醫。 (5) 同儕支持。 (6) 社會資源連結及協助，包括就業支持、就學及經濟協助、專業服務。 (7) 其他自立生活相關支持。 自立生活支持服務應依需求評估結果，由身心障礙者及同儕支持員共同擬訂自立生活計畫，建立身心障礙者自主生活方式，協助其實現自主生活時所需之各項人力協助，並依其需求提供 24 小時服務。
家庭支持	601. 加強家人照顧能力	提供家庭在照顧身心障礙者時所需之知識、技能、訊息。
	602. 非正式人力服務	由志工、社區鄰里、親友等非正式資源提供身心障礙者生活照顧之服務。
	603. 非正式人力家事服務	由志工、社區鄰里、親友等非正式資源提供身心障礙家庭之家事服務。
	604.醫療看護	提供住院治療期間，非醫療行為之看護照顧。
	605.親職教育	提供家長教養子女所需之知識，協助建構親子互動模式以增進親子關係。
	606. 臨時及短期照顧服務	1. 由專業服務人員至身心障礙者家中，或運用社區內相關社會福利機構、醫療院所之場地設施，提供障礙者臨時性或短期之照顧服務，給予家庭照顧者有喘息的機會，適時減輕家庭照顧者之壓力負擔。 2. 服務內容：看護照顧、陪同就醫、協助生活自理能力（大小便、膳食、個人清潔）、陪同從事休閒生活、短期住宿服務、其他。
	607. 緊急救援與安全服務	身心障礙者防走失手鍊、獨居老人緊急救援系統等。
	608. 照顧者支持及訓練與研習	對於身心障礙家庭主要照顧者應視家庭照顧者實際需要提供心理情緒支持、照顧者教育、成長團體、諮詢服務或照顧技能訓練及研習等支持服務。
	609. 新移民支持性服務	提升生活適應能力、建構社會支持網絡、落實社會多元文化融合觀念宣導，及提升工作人員之專業知能。
	610. 長照家庭照顧者支持服務	為家庭照顧者所提供之定點、到宅等支持服務。 1. 有關資訊之提供及轉介。 2. 長照知識、技能訓練。 3. 喘息服務。 4. 情緒支持及團體服務之轉介。 5. 其他有助於提升家庭照顧者能力及其生活品質之服務。

分類	需求項目	操作說明
生活扶助	701. 低收入戶生活補助	依據縣市政府「低收入戶生活補助辦法」申請。
	702. 身障者生活補助	依據衛生福利部《身心障礙者生活補助費發給辦法》申請。
	703. 日間照顧及住宿式照顧費用補助	安置於立案之社福機構、精神復健機構、護理機構者（費用補助給機構）。
	704. 醫療補助	請參閱衛福部《縣（市）醫療補助辦法》、《身心障礙者醫療復健費用及醫療輔具補助辦法》。
	705. 療育補助	提供 0～6 歲發展遲緩兒童至醫療院所或發展中心進行部分時制療育之補助，依實申請一般戶每月最高 3,000 元，低收入戶每月最高 5,000 元整。
	706. 居家照顧費用差額補助	依據「台北市政府社會局居家照顧補助計畫」辦理。
	707. 生活及復健輔助器具補助	依據內政部「身心障礙者輔具費用補助基準表」。
	708. 國民年金	2008 年 10 月 1 日開辦的社會保險制度，分為老年、生育、身障、喪葬和遺屬等給付。
	709. 房屋租金及購屋貸款利息補貼	依據內政部《身心障礙者房屋租金及購屋貸款利息補貼辦法》。
	710. 購買停車位貸款利息補貼或承租停車位補助	依據衛福部《身心障礙者購買停車位貸款利息補貼或承租停車位補助辦法》辦理。
	711. 急難救助	喪葬救助、傷病救助、生活救助、川資救助、災害慰助。
	712. 健保自付保費補助	1. 重、極重度者全額補助。 2. 中度者補助二分之一。 3. 輕度者補助四分之一。
	713. 勞保自付保費補助	1. 重、極重度者全額補助。 2. 中度者補助二分之一。 3. 輕度者補助四分之一。
	714. 特殊境遇家庭扶助	依衛福部《特殊境遇家庭扶助條例》規定，可申請包括緊急生活扶助、子女生活津貼、子女教育補助、傷病醫療補助、兒童托育津貼、法律訴訟補助、創業貸款補助等項目；若為家庭暴力受害者，另依辦法可申請驗傷醫療補助、心理治療補助。

分類	需求項目	操作說明
生活扶助	715. 學雜費減免補助	身心障礙學生、身心障礙者子女。
	716. 交通費補助	就讀本市之公私立國中、小、特殊學校、教養機構而無法自行上下學之身障學童交通費補助。
	717. 職訓生活補助	勞工參加公費職業訓練，訓練期間每月給予生活津貼。
	718. 失業給付	繳納失業給付保費滿一年之非自願性離職者。
	719. 其他經濟協助	1. 缺乏財務處理能力。 2. 育兒補助。 3. 急難貸款。 4. 所得稅殘障特別扣除額。 5. 牌照稅減免。 6. 出國進修補助。 7. 律師諮詢訴訟費用補助。 8. 受暴婦女個案輔導補助費。 9. 教育代金。 10. 購屋貸款利息補助。
居住服務	801. 申請平價住宅	洽社會局社會救助科。
	802. 申請承租／購置國宅	洽都市發展局。
	803. 改善居家無障礙環境	1. 因身心障礙事實造成行動不便，需改善居家無障礙環境。 2. 參閱內政部「身心障礙者輔具費用補助基準表」。
	804. 租屋服務	提供租屋資訊給無自用住所需向他人承租者。
	805. 戶籍遷徙	依據《戶籍法》之相關規定辦理戶籍異動。
	806. 協助搬家	提供搬家資訊或協調非正式人力資源協助搬家事宜。
	807. 申請社會住宅	1. 協助洽詢內政部營建署資訊與空額。 2. 提供申請資訊，協助申請相關事宜。
法律服務	901. 法律諮詢	1. 面臨司法問題。 2. 需要在受偵查、出庭期間之保護和溝通協助。 3. 需要法律相關諮詢。
	902. 法律扶助	對需要專業性法律幫助而又無力負擔訴訟費用及律師報酬的人民給予制度性的協助。
	903. 協助監護或輔助宣告	協助處理監護及輔助宣告之相關事宜。
社會支持	1001. 社會參與	1. 成長團體、課程、講座。 2. 獲取適當活動參與機會以調劑身心，包含各類型成長活動、休閒課程、體育活動等。
	1002. 宗教關懷	連結服務使用者所屬宗教信仰之資源，提供所需服務。
	1003. 交通服務	1. 需要特殊交通工具。 2. 需要學習使用大眾交通工具。 3. 需要有關身心障礙交通服務之資訊。
	1004. 公平之政治參與	1. 可以自由參與任何影響政府決策所進行的活動。 2. 自我倡權，讓服務對象了解能為自己的權益發聲。

伍

分類	需求項目	操作說明
社會支持	1005. 無障礙環境	1. 改善公共空間及都市所有設施，讓行動不便者擁有來去自如且安全無虞的環境。如：透過市民熱線（1999），反映交通號誌秒數，以及騎樓、人行道無障礙環境改善等。 2. 建構不歧視且尊重身障者的態度環境。
	1006. 輔助科技設備及服務	1. 增進、維持或改善障礙者功能的相關設備。 2. 任何直接協助障礙者選擇、獲得和使用輔助性科技設備的服務。
	1007. 關懷訪視及友善服務	1. 家庭關懷訪視及服務係指到宅關懷支持身心障礙者家庭，提供心理支持及資訊，並結合民間社會福利資源協助解決問題。 2. 為提高身心障礙者家庭生活品質，經評估須到宅關懷家庭照顧者，及提供相關支持與服務。
其他	1101. 兵役問題	1. 役男為身心障礙者是否服役依國防部公布之「體位區分標準」判定。 2. 身心障礙者之子為役男是否需服役，依據補充兵役辦法辦理。
	1102. 其他	上述皆無法類歸者，請歸於此類。

服務需求及資源連結狀態表（表四）使用說明

一、使用目的

1. 針對服務使用者目前使用的資源，及未來一年接受中心服務期間的服務需求及資源連結狀態進行評估，以利後續服務計畫之擬定與服務提供。
2. 社工處遇計畫擬定之主要依據。

二、使用方法

1. 【評量期間】：填寫年度服務期間。
2. 【評量日期】：填寫評量當日日期的年、月、日。
3. 【案號】：填寫案主案號。
4. 【姓名】：填寫案主姓名。
5. 【需求評估——需此項資源】：請參考「需求項目」的各項次說明，再就案主及案家需求做勾選。可將該資源需求者明確寫出。
6. 【連結資源】：有三個選項，請依照資源連結情形勾選。
   (1)「已連結所需資源」：填表時已連結到該資源。
   (2)「已連結部分資源」：填表時尚未使用該資源但已做聯繫，或有潛在資源可供使用。
   (3)「未能連結到資源」：因受到內外在障礙影響，致使填表時該資源未能連結。勾選此項者，需要勾選「未能連結資源之原因」。
7. 【未能連結資源之原因】：請就內外在障礙歸因勾選（參考台北市政府社會局出版的《台北市身心障礙者個案管理服務工作手冊》）。
8. 【外在障礙】：
   (1)「資源有限制」：資源存在，但不符合案主個別需要。
   (2)「無法連結資源」：資格不符、無法付費、相關表格填寫困難等。
   (3)「資源已被案主耗盡」：常無故缺席、過度使用或不當使用，如重複使用急難救助金等。
   (4)「缺乏次要資源」：缺乏輔助資源，例如訊息、交通、分擔照顧人力等之缺乏。

9.【內在障礙】：由與案主溝通或其他行為模式所見。包括：

(1)「悲觀」——特徵：沮喪、冷漠、虛空。

行為模式：無望、依賴、無助、退縮。

(2)「批判」——特徵：憤怒、失敗。

行為模式：批判、指責、攻擊、防衛、找碴。

(3)「宿命」——特徵：焦慮。

行為模式：衝動、解組、危機重現、無計畫力。

(4)「犬儒」——特徵：寂寞。

行為模式：控制、過度獨立、保持距離、否認、冷淡。

10.【合計】：統計全部項目共有多少項。

11.【整體評量】：

(1) 優先的項目：本期處遇計畫主要工作的項次。

(2) 其他意見及補充：視需要填寫服務重點說明及補充。

12.【填表社工員】：填表社工員簽章。

13.【社工督導】：社工督導簽章。

14.【中心主管】：中心主管簽章。

三、使用時機

1. 社工員在訂定社工組處遇計畫前進行評估與填寫。
2. 服務過程中如遇需求和資源使用之改變，應適時修改並填寫修改日期。

財團法人○○社會福利基金會 ________________ 中心

□接案（家庭生態評估） □定期（　年　月～　年　月） □轉介 □轉銜 □結案

摘要表（表五）

填表日期：____年____月____日

姓名		案號		性別		出生日期	年　月　日
障礙類別程度	障　度	地址	□□□				

生態評估圖、案主描述、家庭狀況、居家環境、社區環境、資源運用狀況、評估分析、中心目前提供服務內容、前期處遇及服務摘要、後續處遇及服務摘要等。

家系圖／生態評估圖

一、案主描述：

（一）年齡、障礙狀況
（二）生活自理
（三）認知
（四）情緒
（五）行為特質
（六）溝通方式
（七）休閒娛樂、社區參與
（八）就醫史
（九）就學史／接受服務史
（十）就業史

二、家庭狀況：

（一）成員描述
（二）家庭互動／氣氛
（三）家庭經濟

三、居家環境：著重在居家環境內部擺設、空間使用及環境維護等。

（一）住宅性質
（二）住宅型態
（三）居家空間的分配
（四）家中是否有他人同住
（五）居家環境的清潔狀況
（六）居家環境的安全性及其設備

四、社區環境：著重在生活機能的觀察與考量。

（一）食
（二）行
（三）社區的住宅性質
（四）社區鄰里辦公室所在
（五）就醫、就學、就業的便利性
（六）休閒場所：最常去的地方、公園等

五、資源運用狀況：評估案主、案家各項資源的使用，及對於使用資源的態度、能力。對於曾使用及未曾使用的資源應進一步了解其原因。資源內容請從社會福利、就業、教育、醫療、宗教、社區、親友等面向思考。

六、案主（案家）的主訴需求：具體陳述案主、案家對中心所提供服務的期待。

七、評估分析：

（一）助力分析：包括案主特質、家庭因素（互動、氣氛）、資源運用（正式、非正式）

（二）阻力分析：包括案主特質、家庭因素（互動、氣氛）、資源運用（正式、非正式）

（三）資源評估

1. 正式資源

(1) 社會福利（社政）　(2) 就業（勞政）

(3) 醫療（衛政）　(4) 教育

2. 非正式資源

八、中心目前提供服務內容：

（一）填寫「接案（家庭生態評估）摘要表」、「轉銜摘要表」及「轉介摘要表」時，應填寫本項。

（二）當服務一段時間後需開始填寫「定期摘要表」時，請將本項內容改置於【資源運用狀況】。

九、前期處遇計畫：

（一）填寫「定期摘要表」時，應填寫本項，並就「問題敘述」、「目標」及「執行結果概況」做分條列點之陳述。

（二）本項內容應與本表所稱之定期服務期間的「社工組處遇計畫表」（參見表十）之回填結果相符。

十、後續處遇計畫：

（一）填寫「定期摘要表」時，應填寫本項，並就「問題概述」及「目標」和「處遇策略」做分條列點之陳述。

（二）本項內容應與最新一年度之「社工組處遇計畫表」內容相符。

十一、轉銜（轉介）目的與期待：

填寫「轉銜（轉介）摘要表」時，應填寫本項。就案主接受轉銜（轉介）服務之原因與期待，分條列點述明。

（一）案主（家）需求

（二）社工員評估分析

（三）期待受轉銜（轉介）單位協助之事宜

填表者：＿＿＿＿＿＿　社工督導：＿＿＿＿＿＿　主管：＿＿＿＿＿＿

摘要表（表五）使用說明

一、使用目的

1. 針對服務使用者個人概況、居家環境、社區環境、資源運用狀況、評估分析、處遇計畫及服務摘要等做概要性整理與記錄。
2. 本表依使用目的和時機，可提供相關專業人員參閱，以使對案主及案家有整體性的了解，利於服務計畫之擬定與執行。

二、使用方式

1. 本表為五合一表格，依據本表使用時機勾選「接案（家庭生態評估）」、「定期」、「轉介」、「轉銜」、「結案」。以下第 9～14 項之填寫可參考「晤談九大方針」。
2. 【填表日期】：填寫本表時的年、月、日。
3. 【姓名】：填寫服務使用者的姓名。
4. 【案號】：填寫服務使用者案號。
5. 【性別】：填寫服務使用者的性別。
6. 【出生日期】：填寫服務使用者的出生日期。
7. 【障礙類別程度】：填寫服務使用者的障別程度。多重障礙者，應寫明合併的各種障礙類別，如身心障礙證明有登載其程度者也應填寫。
8. 【地址】：填寫服務使用者住址，如住、籍不同，請以本表所評估之「居家環境」的所在地為主。
9. 【家系圖／生態評估圖】：請繪出家系圖及家庭生態圖，生態圖的部分並請將案家與各資源的動力關係以箭頭和線的距離標示清楚。
   (1) 將家系圖與生態圖分開繪製。
   (2) 家系圖請將案家關係做正確的呈現並標上稱謂、姓名、年齡、職業或安置狀態。
   (3) 資源分類與放置位置建議：生態圖中，右上象限為「社會福利」、右下象限為「教育／訓練／就業」、左下象限為「醫療」、左上象限為「其他及非正式資源」（例如：宗教、休閒、同儕、自助性團體等），可參見 110 頁之範例。

(4) 資源請以橢圓形呈現 ⊖，中間並以短線分開。上方為資源項目及使用期間，下方為提供資源的單位。

10.【案主描述】：

(1) 請描述案主的年齡、障礙狀況、生活自理、認知、情緒、行為特質、溝通方式、休閒娛樂等。

(2) 同時有關就醫史、就學史／訓練史、就業史／安置史之以前運用的狀況、離開或不再運用該資源的原因，以及家人對過程的描述。

11.【家庭狀況】：

(1) 成員描述：家中成員的職業、年齡、生理狀況等。

(2) 家庭互動／氣氛：請就家中成員與案主及彼此間互動情形做具體描述。請社工員就觀察受訪者或家庭成員互動所感受之氣氛做描述。

(3) 家庭經濟：請就案家主要固定支出（例如：基本生活開銷、貸款、租金、交通費、醫療費、學雜費等）及經濟收入（例如：工作收入、政府及民間單位相關經濟補助、親友贊助等）簡要描述。

12.【居家環境】：著重在居家環境內部擺設、空間使用及環境維護等。

(1) 住宅性質：自宅、租屋、借住等。

(2) 住宅型態：公寓、大廈、透天厝等（有無電梯設備）。

(3) 居家空間的分配：居家空間大小、與誰使用同房、活動空間大小、較常使用的空間、可使用的空間、受限制的空間。

(4) 家中是否有他人同住。

(5) 居家環境的清潔狀況。

(6) 居家環境的安全性及其設備。

13.【社區環境】：著重在生活機能的觀察與考量。

(1) 食：購物飲食的方便性。

(2) 行：附近交通便利性。

(3) 社區的住宅性質：文教區、工業區、住宅區等。

(4) 社區鄰里辦公室所在。

(5) 就醫、就學、就業的便利性。

(6) 休閒場所：最常去的地方、公園等。

14.【資源運用狀況】：評估案主、案家各項資源的使用，及對於使用資源的態度、能力。對於曾使用及未曾使用的資源應進一步了解其原因。資源內容請從社會福利、就業、教育、醫療、宗教、社區、親友等面向思考。

15.【案主（家）的主訴需求】：具體陳述案主、案家對中心所提供服務的期待。

16.【評估分析】：

(1) 助力分析：包括案主特質、家庭因素（互動、氣氛）、資源運用（正式、非正式）。

(2) 阻力分析：包括案主特質、家庭因素（互動、氣氛）、資源運用（正式、非正式）。

(3) 資源評估：

①正式資源

A. 社會福利（社政）

B. 就業（勞政）

C. 醫療（衛政）

D. 教育

②非正式資源

17.【中心目前提供服務內容】：

(1) 填寫「接案（家庭生態評估）摘要表」、「轉銜摘要表」及「轉介摘要表」時，應填寫本項。

(2) 當服務一段時間後需開始填寫「定期摘要表」時，請將本項內容改置於【資源運用狀況】。

18.【前期處遇計畫】：

(1) 填寫「定期摘要表」時，應填寫本項，並就「問題敘述」及「執行結果概況」做分條列點之陳述。

(2) 本項內容應與本表所稱之定期服務期間的「社工組處遇計畫表」（參見表十）之回填結果相符。

19.【後續處遇計畫】：

(1) 填寫「定期摘要表」時，應填寫本項，並就「問題概述」及「目標」和「處遇策略」做分條列點之陳述。

(2) 本項內容應與最新一年度之「社工組處遇計畫表」內容相符。

20.【轉銜（轉介）目的與期待】：填寫「轉銜（轉介）摘要表」時，應填寫本項。就案主接受轉銜（轉介）服務之原因與期待，分條列點述明。
21.【結案原因與後續處遇】：填寫「結案摘要表」時，應填寫本項。就案主結案的原因及後續案主或案家接受其他服務、居家等之計畫做分條列點之陳述。
22.【填表者】：填表人簽章。
23.【社工督導】：社工督導簽章。本表一定要經過社工督導審閱方可提供其他轉介或轉銜單位參考。「結案摘要表」則要經社工督導簽閱後，整份檔案方可收存。
24.【主管】：主管簽章。

三、使用時機

1. 接案摘要表：新進個案評估時使用。
2. 定期摘要表：
   (1) 定期摘要表的完成期限為下一年度開始前至少一個月前。
   (2) 早療服務至少每半年填寫一次，定期服務期間為今年度 2 至 7 月、8 月至下年度 1 月。
   (3) 成人服務至少每年填寫一次，定期服務期間為當年度之 1 月到 12 月。
   (4) 未滿前述定期服務期間者（早療服務半年，成人服務一年），只要案主接受服務滿三個月，即應填寫本表。
3. 轉介（轉銜）摘要表：案主接受服務轉介（轉銜）時使用。
4. 結案摘要表：案主結案時使用。

財團法人○○社會福利基金會 ______________ 中心

家長意見／期待調查表（表五之一）

親愛的家長（屬）們：

本中心為擬定______年度新的服務目標，請就下列項目提供您的意見與期待，作為擬定「個別化服務計畫」之參考。感謝您寶貴的建議！

服務使用者：________　家長簽名：________　填表日期：____年____月____日

項　目	家長意見／期待
生活自理 （飲食、如廁、漱洗衛生、穿著、處理衣物、清潔、健康、家電使用與維護）	
動作技能 （精細動作：抓、握、取物、操作器具；粗大動作：站、坐、行走、移動、轉位）	
人際溝通 （理解能力、口語表達技能、人際互動能力、自我倡導）	
休閒活動 （個人嗜好活動：美勞、音樂、手工藝、參與適齡的觀賞活動）	
性別教育 （性別辨識、自我保護、性別互動）	
膳食處理 （簡易烹飪：使用廚具、烹煮、清洗廚房）	

項　目	家長意見／期待
技藝陶冶 （基本閱讀、使用金錢、看時間、測量、工作習慣與態度）	
社會適應 （購物、餐廳用餐、使用社區娛樂設施能力、安全行走、搭乘交通工具）	
輔具應用 （輔具使用）	
健康照顧 （健康檢查異常值追蹤、體重管理、疾病回診與協助用藥、體適能等）	
家庭支持 （家長／家屬參與中心活動、增進親子聯繫、提供福利資源等）	
其他	

家長意見／期待調查表（表五之一）使用說明

一、使用目的

為了解家長對服務的期待，作為服務計畫之擬定及服務提供的參考。

二、使用方法

1.【服務使用者】：填寫服務使用者姓名。
2.【家長簽名】：請家長簽名。
3.【填表日期】：填寫本表的日期。
4.【項目】：第一至第九項為「服務使用者能力檢核評估表」中九大項目，包括：生活自理、動作技能、人際溝通、休閒活動、性別教育、膳食處理、技藝陶冶、社會適應、輔具應用，並增列「健康照顧」與「家庭支持」項目，共計十一項目。非上列項目者填於「其他」。
5.【家長意見／期待】：
(1) 請家長（屬）寫出項目的意見／期待。
(2) 若家長（屬）無法自行填寫，則請社工／教保員詢問家長（屬）的意見／期待，在家長（屬）口述情況下由社工／教保員協助代為填寫，並於填寫後再行確認。
(3) 家長意見／期待內容填寫方式，例如：「生活自理」項目——希望能再加強刷牙的清潔度；「人際溝通」項目——希望能多加強說話能力；「性別教育」項目——教導月事處理；「休閒活動」項目——希望多提供休閒的活動（唱歌、畫畫）；「健康照顧」項目——提醒多喝水、小便及服藥等。

三、使用時機

1. 本表應用於「服務評估」、「定期評量」階段。
2. 本表在撰寫「服務使用者能力綜合摘要表」（表六）、「年度評估暨計畫摘要表」（表六之一）及「個別化服務評量紀錄表」（表七）擬定前完成調查。

財團法人○○社會福利基金會＿＿＿＿＿＿＿＿＿中心

＿＿＿年 服務使用者興趣調查表（表五之二）

姓名：＿＿＿＿＿＿＿＿

一、請你將最喜歡的室內活動在□裡面打✓

□看書報、雜誌	□室內體適能

□影片欣賞	□打擊樂

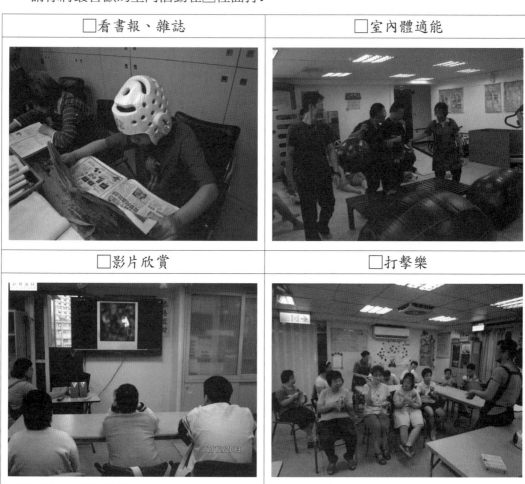

<table>
<tr><td>□玩牌和大富翁</td><td>□卡拉 OK</td></tr>
<tr><td>
</td><td>
</td></tr>
<tr><td>□跑跑步機</td><td>□玩電腦</td></tr>
<tr><td>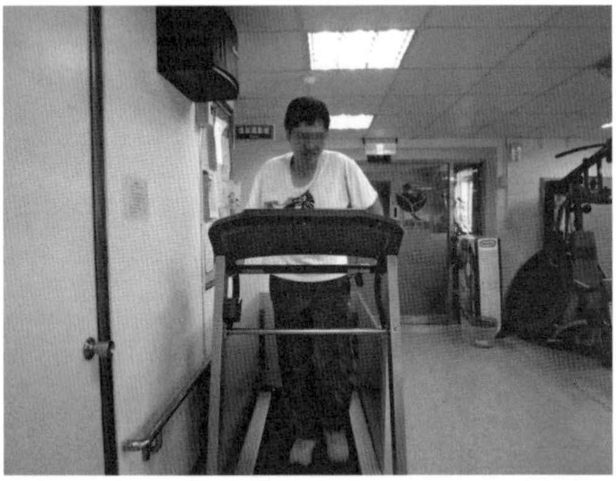</td><td></td></tr>
<tr><td>□寫字畫畫</td><td>□體感遊戲</td></tr>
<tr><td></td><td>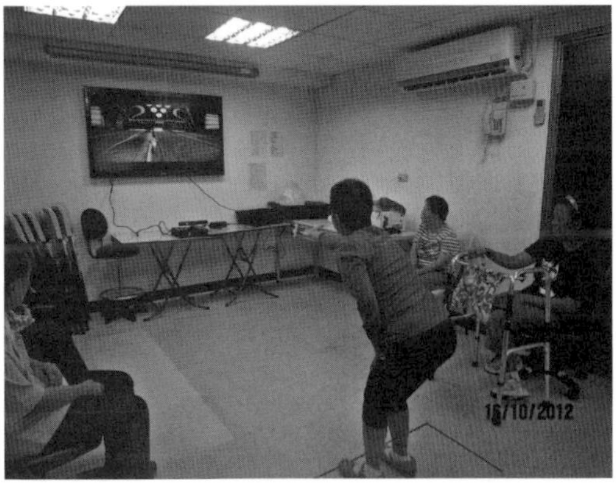
</td></tr>
</table>

二、請你將最喜歡的室外活動在□裡面打✓

□餐廳聚餐	□參加生活營

□小布球活動	□逛街

□操場跑步	□看展覽

□社區公園	□水中律動

□去圖書館	□打籃球

服務使用者興趣調查表（表五之二）使用說明

一、使用目的

為了解服務使用者的休閒興趣，作為服務計畫之擬定及服務提供的依據。

二、使用方法

1. 【姓名】：填寫服務使用者姓名。
2. 拍下中心在室內常進行的活動，將照片貼在表格內，並輔以文字說明，例如：□看書報、雜誌；□玩牌和大富翁；□玩電腦；□影片欣賞等。
3. 拍下中心在室外常進行的活動，將照片貼在表格內，並輔以文字說明，例如：□看展覽；□打籃球；□逛街；□社區公園等。
4. 【請你將最喜歡的室內活動在□裡面打✓】：由服務使用者本人勾選，若服務使用者無法自行填寫，則由教保員協助勾選完成填寫。
5. 【請你將最喜歡的室外活動在□裡面打✓】：由服務使用者本人勾選，若服務使用者無法自行填寫，則由教保員協助勾選完成填寫。

三、使用時機

1. 本表應用於「服務評估」、「定期評量」階段。
2. 本表在撰寫「服務使用者能力綜合摘要表」（表六）、「年度評估暨計畫摘要表」（表六之一）及「個別化服務評量紀錄表」（表七）擬定前完成調查。

四、注意事項

1. 以中心真實相片呈現，勿直接套用範例圖片，避免服務使用者無法類化。
2. 活動選項依中心可執行或社區資源可提供之項目為原則。

財團法人○○社會福利基金會＿＿＿＿＿＿＿＿中心

服務使用者能力綜合摘要表（表六）

姓名：＿＿＿＿＿＿＿＿　　　　填表日期：＿＿＿年＿＿月＿＿日

領域別	綜合摘要
居家生活	
休閒娛樂	
健康管理	
作業活動	
家庭支持	
社會參與	

填表者：＿＿＿＿＿＿＿＿　　　　主任／督導：＿＿＿＿＿＿＿＿

服務使用者能力綜合摘要表（表六）使用說明

一、使用目的

1. 新進服務使用者：為「觀察紀錄表」（表三）及「服務使用者能力檢核評估表」評估完成後，統整服務使用者各項領域之能力表現及興趣、習慣和特質，作為擬定 ISP 之參考依據。
2. 既有服務使用者：為期末結束後，依各領域評估及服務評量記錄結果，統整服務使用者各項領域之能力表現，進行總結性記錄，作為下一期ISP擬定之參考依據。
3. 作為 ISP 會議時向家長說明服務使用者之能力表現的資料和依據。
4. 透過此摘要表讓相關人員（服務使用者本人、家長／家屬、服務團隊人員等）對服務使用者有較清晰完整的認識。
5. 作為轉銜之用，以利轉銜下一階段之單位對服務使用者有初步的認識。

二、使用方法

1. 【姓名】：填寫服務使用者姓名。
2. 【填表日期】：填寫表格日期。
3. 【領域別】：依服務對象、機構性質不同，參考各單位之相關領域資料，進行填寫。
   (1) 早療：依據香港協康會出版之《兒童發展評估表（修訂版）》所列之六大領域：大肌肉、小肌肉、自理、認知、語言、社交與情緒。
   (2) 成人：日間照顧和住宿機構，包含居家生活、休閒娛樂、健康管理、作業活動、家庭支持、社會參與等六大領域。
4. 【綜合摘要】：
   (1) 新進服務使用者：綜合各種資料（觀察紀錄表／服務使用者能力檢核評估表／家庭訪視紀錄表／其他參考資料等），具體描述服務使用者在各領域之表現狀況及興趣、習慣和特質。
   既有服務使用者：於期末結束後，具體描述服務使用者ISP目標訓練結果及各領域評估結果。
   (2) 綜合各領域的評估結果分析，撰寫服務使用者在各領域分別的優弱勢能力，內容要能區辨服務使用者的個人特質。例如：僅寫「飲食：可自行進食」，最好改為「飲食：可使用大碗及湯匙自行進食，餐食須剪碎，不喜歡喝湯」；或僅寫「可搭乘捷運」，最好改為「可搭乘捷運，但一定要有座位，會將別的乘客拉起讓自己坐下；今年 6 月起搭乘捷運，已可在無座位時站立至目的地」。

(3) 撰寫時應盡量使用具體的陳述，避免籠統。例如：「喜歡聽音樂」，可以寫更具體一點「喜歡聽臺語老歌」；例如「完全無口語能力」，可以寫更具體一點「完全無口語能力，想如廁時會拉著褲頭跑向廁所，開心時會用力拍手，生氣時會以倒地及咬手表示」。

(4) 撰寫時以行為或事實陳述，避免主觀論斷，應盡量使用正向的陳述，避免使用負向字眼。例如：「作業活動時，懶惰不想做，經常尿遁」，此段陳述應改成「作業活動時，僅能維持 10 分鐘的作業，頻繁至廁所如廁，且坐馬桶 15 分鐘以上」。

(5) 撰寫時可呈現相關支持策略，清楚描述教保員如何支持服務對象達成其目標，如：環境控制、工作分析、提示策略、相關輔具等。例如：「洗手時會觀看水槽前張貼之洗手流程圖，會依序完成『濕、搓、沖、捧、擦』的步驟，但在搓洗手部時，只出現兩手心互相前後搓洗之動作，在口語提醒『還有哪些部位要洗一洗呢？』後，才會出現搓洗手背、手指頭等動作」。

5.【填表者】：教保員／社工員／護理師簽章。

6.【主任／督導】：中心主任／督導簽章。

三、使用時機

本表應用於「服務評估」、「訂定個別化服務計畫與召開會議」、「定期評量」及「轉銜」階段。

1. 新進服務使用者：在「觀察紀錄表」（表三）及「服務使用者能力檢核評估表」評估完成後撰寫，在撰寫「年度評估暨計畫摘要表」（表六之一）及「個別化服務評量紀錄表」（表七）擬定前完成。
2. 既有服務使用者：在撰寫「年度評估暨計畫摘要表」（表六之一）及「個別化服務評量紀錄表」（表七）擬定前完成。

財團法人○○社會福利基金會 ________ 中心

______年度評估暨計畫摘要表（表六之一）

填表日期：____年____月____日

姓名：	入中心日期：　年　月　日		組別：		填表者：		
領域	評估		計畫		資料來源	執行人員	備註
	現有能力與狀況	支持需求	支持目標	支持策略			
居家生活							
休閒娛樂							
健康管理							
作業活動							
家庭支持							
社會參與							
其他							

組長：__________ 主任：__________

年度評估暨計畫摘要表（表六之一）使用說明

一、使用目的

1. 新進服務使用者：為完成「觀察紀錄表」（表三）及「服務使用者能力檢核評估表」評估後，統整服務使用者基本能力、待加強能力及未來支持目標，作為 ISP 擬定之參考依據。
2. 既有服務使用者：為年度結束後各項領域總結性之評量，記錄服務使用者在本年度現有能力、待加強能力及未來支持目標的總整理，作為下年度 ISP 擬定參考依據。
3. 作為 ISP 會議時向家長說明評量結果及安置建議之資料和依據。

二、使用方法

1. 【年度】：填寫正式開始訓練之年度。
2. 【填表日期】：填寫表格日期。
3. 【姓名】：填寫服務使用者姓名。
4. 【入中心日期】：填寫服務使用者開始接受服務日期。
5. 【組別】：填寫服務使用者安置之組（班）別。
6. 【填表者】：填寫教保員姓名或押職章。
7. 【領域】：包含評估與計畫，主要為搭配觀察紀錄與資料來源相對應之領域。透過「服務使用者能力檢核評估表」敘述現行功能。

   有關個案評估摘要表中之「家庭支持」的撰寫方式與重點，建議填寫原則如下：

現有能力與狀況	支持需求	支持目標	支持策略	資料來源	執行人員	備註
1. 家庭經濟情形 2. 主要照顧者親職能力及使用資源的能力 3. 案家整體使用資源的能力 4. 案家成員間的互動情形	問題／需求述寫要明確化，看得出問題性	注意是長期還是短期目標要具體化	具體、具步驟性		填寫時應與前述策略項次對照排列述寫	

8.【現有能力與狀況】：即現行功能的敘述。具體描述服務使用者目前在各領域可達到之表現狀況（可能來自於新進服務使用者觀察紀錄或參考資料的評估，或支持目標結果等）。針對服務使用者現行表現狀況，特別是本年度欲規劃的加強項目。

9.【支持需求】：指與家長／服務使用者溝通後決定該年度欲加強的能力或支持需求項目。描述服務使用者在各領域所需加強之能力、較迫切的支持需求或較可能滿足的需求項目。

10.【支持目標】：針對待加強能力需被支持之目標。

11.【支持策略】：針對支持目標所設計的相關策略，如：環境控制、工作分析、提示策略（口語指令、圖卡提示、環境暗示、肢體協助……）、增強策略（增強物、讚美、代幣……）、使用相關輔具等；亦可呈現可支持目標之相關活動，如：單元活動、體能活動、漱洗時間等。如：支持目標為擦拭玻璃窗，服務使用者提舉的肌耐力不足，故支持策略為將服務使用者的置物櫃安排至胸部以上之高度；體能活動為丟球、投籃，以工作分析支持其完成擦拭玻璃窗之目標，完成目標後給予代幣獎勵。

12.【資料來源】：來源可能來自於以下資料——

(1) 前服務單位或學校之相關紀錄或評量資料。

(2) 專團的評估建議：專團人員如物理治療師、職能治療師、語言治療師、心理師、特教師、護理師等。

(3) 職評報告建議。

(4) 家長意見及期待。

(5) 社工處遇計畫。

(6) 教保員的觀察紀錄或評估資料。

(7) 其他專業人員評估報告。

(8) 健康檢查報告等。

(9) 服務使用者本人。

13.【執行人員】：實際或配合執行之專業人員（職稱）。

14.【備註】：註明使用評量工具或方法。

15.【組長】：中心主管或組長簽章。

16.【主任】：主任簽章。

三、使用時機

1. 新進服務使用者：「觀察紀錄表」（表三）及「服務使用者能力檢核評估表」評估後填寫，需在 ISP 擬定前完成。
2. 既有服務使用者：年度結束後各項領域總結性評量，需在 ISP 擬定前完成。

財團法人○○社會福利基金會＿＿＿＿＿＿＿中心

個別化服務評量紀錄表（表七）

姓名：＿＿＿＿＿　領域：＿＿＿＿＿　　實施日期：＿＿年＿＿月＿＿日至＿＿年＿＿月＿＿日

長期目標	短期目標	支持細目	起點水準	評量紀錄												服務決定	備註

支持評量使用符號：0 動機引發　1 完全支持　2 動作協助　3 動作示範　4 動作提示　5 口語提示　6 依提示卡或圖片完成
7 獨立完成

服務決定：a 通過　b 繼續　×停止

個別化服務評量紀錄表（表七）使用說明

一、使用目的

1. 為提供個別化服務而擬定本計畫。
2. 作為提供服務的依據。
3. 隨時檢核個別化服務計畫目標達成情形。

二、使用方法

1. 依據「年度評估暨計畫摘要表」（表六之一）之支持目標、家長期待或專業人員（包含職能治療師、物理治療師、社工員、心理師、特教師、護理師等）的建議擬定，並依「觀察紀錄表」（表三）之領域來排序，編列方式：長期目標→短期目標→支持細目。
2. 【姓名】：填寫服務使用者姓名。
3. 【領域】：依新進服務對象觀察紀錄表之領域填寫。
4. 【實施日期】：填寫執行計畫的實際起訖日。
5. 【長期目標】：依據「服務使用者能力檢核評估表」、「年度評估暨計畫摘要表」之支持目標、家長期待或專業人員的建議，擬訂一年度長期目標。
6. 【短期目標】：依長期目標內容及服務使用者能力、需求訂定短期目標，以分階段達成長期目標。
7. 【支持細目】：
   (1) 支持細目可再細分為可各自獨立學習的小目標。
   (2) 可將支持細目分解成若干個小步驟，每個步驟為可測量、可觀察且可連續學習的較小目標。
   (3) 支持細目也可以是已無法再提升但仍需持續提供服務以維持日常功能的目標。
8. 【起點水準】：評量服務使用者起始能力，作為支持後有無進展之基準。評量時間可在年度結束前、新進服務使用者服務評估期或支持策略介入前。填寫方式為：支持評量使用符號／月日。
9. 【評量紀錄】：
   (1) 評量使用符號為：0 動機引發；1 完全支持；2 動作協助；3 動作示範；4 動作提示；5 口語提示；6 依提示卡或圖片完成；7 獨立完成。

(2) 服務使用者平時的輔導服務記錄，請各自發展所需表格。

(3) 填寫方式為：評量符號／月日。

10.【服務決定】：當年度結束或半年執行結束時，做一次服務決定。填寫方式為：服務決定代號／月日。

11.【備註】：若經支持二至三個月無進展，須調整支持細目或支持時間／頻率／次數之增加或減少，均須做說明。

※評量使用符號代號說明

代號	說明	範例
0 動機引發	活動進行中服務使用者不願配合學習／沒反應。	如教服務使用者洗手時，可能因情緒／生理等狀況不願配合學習；因此教學時需引發其動機。
1 完全支持	目前無此能力以至於無法表現（完全不會）。	如教服務使用者洗手，因聽不懂指令或不知道該從何開始而沒有反應。
2 動作協助	活動進行過程中，需輔以肢體上的協助，才可以將動作完成（部分不會）。	如洗手時，若服務使用者不會將雙手互搓洗手，指導者將手覆於其手上教他雙手互搓的動作。
3 動作示範	觀看動作過程示範後，可經由動作模仿自行完成。	如服務使用者原本不知該如何搓手洗手，但在看過指導者互搓雙手洗手動作示範後，會加以模仿完成洗手動作。
4 動作提示	以動作提示說明指令或指出物品所在位置。	如服務使用者不知何時該洗手或忘記洗手要互搓雙手時，指導者指向水龍頭方向或做互搓雙手的手勢，服務使用者就會自己完成洗手的動作。
5 口語提示	以口語明確告知欲達成的目標或指令，不加任何動作提示。	如告知服務使用者「搓一搓手」，服務使用者即可完成搓手洗手動作或提示「上完廁所後要做什麼」。
6 依提示卡或圖片完成	訓練時以眼神提示或標語、圖片提示，或是工具輔助，就能完成目標動作。	如上完廁所後，服務使用者目光看向「水龍頭」或看到「便後要洗手」之標語、圖片提示，即會完成洗手動作。
7 獨立完成	不需任何協助或提示，可獨立完成動作。	如在上完廁所後，會主動洗手且會互搓雙手將手洗乾淨。

※服務決定代號說明

代 號	說 明
a 通過	可獨立完成目標動作或行為且穩定。
b 繼續	在執行過程中已有進步但未達設立之目標，故繼續以達成設立之目標。
×停止	設立之目標不適宜或其他因素故停止或暫時停止，包含已達能力上限。

三、使用時機

1. 依服務使用者學習程度做評量，至少兩週記錄一次，或是依輔導目標設定以定期評量方式進行記錄；若服務使用者能力有進步或退步時，應於備註欄說明其原因。
2. 若服務使用者需支持的時間、頻率、次數未改變，仍持續進行中，至少兩週記錄一次；若支持有增加或減少，除記錄外並於備註說明。
3. 本表應於新進服務使用者正式進入中心後至少一個月內完成評估；於完成評估後，至少一個月內擬定後實施。既有服務使用者則於新年度開始前完成擬定。

四、使用流程

1. 專業人員蒐集相關資料、分析服務使用者的能力需求，包含：「年度評估暨計畫摘要表」之支持目標、家長期待或專業人員（包含職能治療師、物理治療師、社工員、心理師、護理師等）的建議。
2. 於 ISP 會議前依服務使用者的能力與需求，由相關專業人員共同討論擬定 ISP 目標。
3. 召開 ISP 會議，依服務使用者意見、家長同意 ISP 目標或依家長意見修訂部分目標後開始執行。
4. 依 ISP 目標，教保員設計活動，活動設計由各中心自行發展。
5. 定期讓家長了解服務使用者接受服務的成果，若經支持服務二至三個月無進展，或目標提早達成，或新增服務需求時，須做 ISP 目標修正，必要時得召開 ISP 修正會議。

財團法人○○社會福利基金會＿＿＿＿＿＿中心

單元活動／社區適應活動計畫（表八）

組別：＿＿＿＿＿＿ 期間：＿＿年＿＿月＿＿日至＿＿年＿＿月＿＿日

日期	單元名稱	單元目標	活動內容（含地點）	備註

填表者：＿＿＿＿＿＿ 組長：＿＿＿＿＿＿ 主任：＿＿＿＿＿＿

單元活動／社區適應活動計畫（表八）使用說明

一、使用目的

1. 依 ISP 內個別差異擬定符合個別需求之課程，進而整合成中心整年度課程或活動規劃。
2. 設計不同單元活動以提升學習意願、豐富生活經驗。
3. 透過規劃，提供專業人員事前準備的依據。

二、使用方法

1. 【組別】：依服務使用者學習能力之現況及年度學習目標之選擇，分成不同組別，同一組別的服務使用者可以進行同一項單元活動或社區適應活動計畫。
2. 【期間】：以整年度為期限。
3. 【日期】：以整月份為期限（服務單位可依需求自行調整）。
4. 【單元名稱】：依服務單位整體服務規劃擬定。
5. 【單元目標】：
   (1) 依「服務使用者能力檢核評估表」，以評估幼兒／服務使用者學習能力之現況及年度學習目標之選擇。
   (2) 應與長期目標配合。
   (3) 以每班（組）為主。
   (4) 針對每班（組）之幼兒／服務使用者的能力、興趣而編排。
6. 【活動內容（含地點）】：搭配單元目標而設計。
7. 【備註】：其他說明事項。
8. 【填表者】：教保員簽章。
9. 【組長】：中心組長簽章。
10. 【主任】：中心主任簽章。

三、使用時機

1. 每年年初擬定並執行整年度之計畫，如：單元活動／社區適應活動計畫（各中心可依組別各自擬定）。

2. 綜合各領域方案執行活動。
3. 幼兒／服務使用者的單元活動／社區適應活動計畫擬定目標，須依年度所擬定的 ISP 為依據而結合於各領域中。

財團法人〇〇社會福利基金會＿＿＿＿＿＿中心

社區適應活動人員配置表（表九）

活動方式／內容：						
活動目標：						
活動時間：						
活動地點：					填表人：	
交通方式	姓　名	協助人員姓名／身分	交通工具	姓　名	協助人員姓名／身分	交通工具
	※交通工具使用符號：1 交通車　2 公車　3 捷運　4 步行　5 其他 ※協助人員身分使用符號：1 教保員／生服員　2 志工　3 家長　4 其他					
抵定點人員配置	姓　名	協助人員	姓　名	協助人員		
其他注意事項						

組長簽章：＿＿＿＿＿＿

伍

社區適應活動人員配置表（表九）使用說明

一、使用目的

1. 使服務使用者與社會共融，參與社區活動，結合社區資源，增進人際關係及社區適應能力。
2. 與 ISP 結合，規劃社區適應課程，擬定活動目標，並規劃人員的適當配置。
3. 讓教保員在安排活動流程之過程中，獲得計畫執行經驗（如人員安排、餐點準備、與相關人員／單位之協調等）。
4. 協助活動能順暢及安全的進行。

二、使用方法

1. 【活動方式／內容】：填寫活動方式及內容。
2. 【活動目標】：填寫活動目標。
3. 【活動時間】：填寫活動日期及時間。
4. 【活動地點】：填寫活動地點。
5. 【填表人】：填寫規劃人員姓名。
6. 【交通方式】：搭乘交通車者以行動不便的服務使用者為優先，視服務使用者人數、狀況安排隨車教保員人數；其他未分配搭交通車之服務使用者及教保員或協助人員依活動地點決定搭乘交通工具，進行服務使用者及協助人員之編組。
   填寫方式為：服務使用者姓名—協助人員姓名／身分—交通工具。不限定所有人員搭乘同一種交通工具；不限定一位協助人員只協助一位服務使用者，可視需要調整配置。
7. 【抵定點人員配置】：抵定點時重新安排服務使用者及協助人員的配置。
8. 【其他注意事項】：
   (1) 活動所需攜帶物品，如：車票、藥品、輪椅等。
   (2) 活動安排事項，如搭乘交通工具、抵定點集合地、用餐事宜等。
   (3) 安全應注意事項，如環境安全、服務使用者個別安全、服務使用者特殊生理狀況等。
9. 【組長簽章】：由組長閱畢無誤後簽章。

三、使用時機

1. 讓每一位教保員清楚知道活動方式／內容、目標、時間、地點，搭乘交通工具時及抵定點時要協助哪些服務使用者。
2. 由負責教保員在活動前一週填寫。

財團法人○○社會福利基金會 ________ 中心

社工組處遇計畫表（表十）

姓名：________ 案號：________ 計畫執行期間：________ 填表日期：________

優先順序	問題／需求敘述	目標	處遇策略	執行者	期限	執行結果概況	備註

填表社工：________ 社工督導：________ 中心主管：________

社工組處遇計畫表（表十）使用說明

一、使用目的

1. 為提供個別化服務而擬定本計畫。
2. 當作提供服務的依據。
3. 定期檢核處遇計畫目標達成情形。

二、使用方法

1. 【姓名】：填寫服務使用者姓名。
2. 【案號】：填寫服務使用者案號。
3. 【計畫執行期間】：填寫本處遇計畫期間，原則上填寫該年全年度。
4. 【填表日期】：填寫填表時的年、月、日。
5. 【優先順序】：依問題嚴重性或影響程度等，以數字標定處遇的優先序。
6. 【問題／需求敘述】：包括問題／需求形成的原因，以及目前呈現出來的狀態。
7. 【目標】：依據「服務使用者能力檢核評估表」、「年度評估暨計畫摘要表」、「定期摘要表」、家長期待或專業人員的建議等擬定目標，此目標應為具體可測量的。
8. 【處遇策略】：
   (1) 依目標擬定按月或按季的行動計畫，而此行動計畫必須與目標吻合。
   (2) 當計畫依時間完成後，必須決定是否繼續執行或修改行動計畫。
9. 【執行者】：包括社工員、家屬及教保員、其他專業人員等。執行者應與執行策略相對應。
10. 【期限】：應與處遇計畫相配合，明確標示出該處遇策略完成的期間。
11. 【執行結果概況】：以摘要方式針對執行計畫期間進行重點事件記錄，內容應包括時、人、事、地以及執行結果。同時應標示回填日期，至遲應於整體服務計畫執行一半時，進行第一次回填。
12. 【備註】：填寫補充事項。另，當策略計畫不執行、更改或增訂時，應在備註欄中註明時間及理由。
13. 【填表社工】：填表社工員簽章。

14.【社工督導】：社工督導簽章。

15.【中心主管】：中心主管簽章。

三、使用時機

本表應於服務使用者正式入中心後一個月內擬定；既有服務使用者則於新年度開始前完成擬定。

財團法人○○社會福利基金會 ________________ 中心

社工組服務紀錄表（表十一）

姓名：__________　　　　　　案號：__________　　　　　　頁次：____

日 期		包含年、月、日、時間
A	對　象	1.本人 2.家屬 3.朋友 4.機構 5.團隊 6.其他（請註明）
B	地　點	1.本機構 2.醫院 3.案家 4.其他（請註明）
C	方　式	1.會談 2.電話 3.信件 4.研討會 5.協調會 6.其他（請註明）
D	聯絡目的	1.了解案主情形 2.經濟補助 3.就業服務 4.法律資源 5.情緒支持 6.資訊提供 7.醫療 8.休閒活動 9.其他（請註明）
會談摘要：		

*社工員每次記錄完畢應押上職章。

社工組服務紀錄表（表十一）使用說明

一、使用目的

社工員填寫日常服務紀錄。

二、使用方法

1.【姓名】：填寫服務使用者姓名。
2.【案號】：填寫服務使用者案號。
3.【頁次】：填寫本頁頁次。
4.【會談摘要】：應依據本表上方之 A、B、C、D 四項提示填寫：
   (1) 日期：年、月、日、時間（幾點幾分至幾點幾分）。
   (2) A（對象）、B（地點）、C（方式）、D（聯絡目的）。各項次有寫「其他」者應予註明。
   (3) 目的：請簡單述明本次服務或聯繫的原因。
   (4) 內容：請分條列點敘明本次服務或聯繫內容。社工員應就事實進行陳述，若社工對該次服務內容有所評估，應清楚標示為評估，另列之。
   (5) 處遇：指的是本次服務後預備做什麼事，並非當次聽到案主或案家所說的，社工當下的反應或回應。如果只是單純的記錄，本項可不予填寫。社工如填寫本項，一定要做後續執行並追蹤與記錄。
5. 社工完成該筆服務記錄後，一定要押上職章以示負責。

三、使用時機

1. 每次透過不同方式提供服務後記錄之。
2. 家訪的詳細記錄應於本表中做填寫，不能簡寫為：請見「接案（家庭生態評估）摘要表」或「定期摘要表」。

財團法人○○社會福利基金會
專業團隊服務紀錄摘要表（表十二）

機構名稱：____________________

姓名：____________　性別：______　障別等級：______　出生日期：　/　/

日期	時間	服務類別	服務摘要	專業人員	單位簽名

服務類別代碼：1 評估　2 ISP 督導　3 專業服務建議　4 輔具評估　5 健康照顧　6 追蹤　7 其他

專業團隊服務紀錄摘要表（表十二）使用說明

一、使用目的

主要作為專業團隊到中心服務內容之紀錄，以便了解專團到中心服務哪些服務使用者以及服務的內容為何，同時作為中心或其他專業人員之參考依據。

二、使用方法

1.【機構名稱】：填寫各中心名稱。
2.【姓名】：填寫服務使用者姓名。
3.【性別】：填寫服務使用者性別。
4.【障別等級】：填寫服務使用者之障別和級別。
5.【出生日期】：填寫服務使用者之出生日期（民國）。
6.【日期】：以各專業人員實際至各中心服務的日期填寫之。
7.【時間】：以各專業人員實際至各中心服務的時間填寫之。
8.【服務類別】：各專業人員依其該次至中心服務的內容填寫之。
服務類別代碼：
1 評估：指新進服務對象評估。
2 ISP 督導：對於中心所擬定之 ISP 予以建議。
3 專業服務建議：針對中心服務使用者之問題予以評估及建議。
4 輔具評估：評估服務使用者是否需要輔具，並給予相關建議，或協助服務使用者調整輔具，以便使用更為方便。
5 健康照顧：包含醫療照顧，如：服藥、體重控制、洗牙、生理疾病、健康檢查結果追蹤等相關問題。
6 追蹤：針對服務使用者之問題予以建議後續追蹤其效果如何，可做建議之微調或修整。
7 其他：不在上述內容項目者均屬之。
9.【服務摘要】：主要針對中心服務使用者的問題，由各專業人員依該次實際至中心服務內容摘要之，若為新進服務使用者評估或其他專項評估時，評估報告或建議可另與附件給予各中心。

10.【專業人員】：依各專業人員實際至中心服務者簽名（含職稱及姓名）或蓋上職章。

11.【單位簽名】：由中心主任或組長確認該次專業團隊人員提供之服務後，簽名或蓋上職章於此。

三、使用時機

1. 專業團隊成員至各中心提供服務時填寫之，於中心服務當天填寫此表格。
2. 用於協助教保員／社工員處理中心服務使用者之問題，以及追蹤服務使用者之建議執行狀況。

財團法人〇〇社會福利基金會 ________ 中心

ISP 督導紀錄表（表十三）

實施日期：___年___月___日至___年___月___日

姓名：________

督導 / 月份	督導／組長／副組長（意見及簽章）	主任（意見及簽章）
月	□依計畫進度執行。 □修正意見：	
月	□依計畫進度執行。 □修正意見：	
月	□依計畫進度執行。 □修正意見：	
月	□依計畫進度執行。 □修正意見：	
月	□依計畫進度執行。 □修正意見：	
月	□依計畫進度執行。 □修正意見：	

ISP 督導紀錄表（表十三）使用說明

一、使用目的

可提供各相關主管及督導人員檢視全年度 ISP 執行情形，並給予改善建議。

二、使用方法

1.【實施日期】：

(1) 新進服務使用者：自入中心 ISP 擬定後至當年年底。

(2) 既有服務使用者：年初至年終，依各中心擬定期限據實填寫（以 12 個月為主）。

2.【姓名】：填寫服務使用者姓名。

3.【月份】：原則上以同一年度 1 至 12 月進行記錄。

4.【督導／組長／副組長（意見及簽章）】：督導／組長／副組長每月檢視一次 ISP 執行情形，給予意見、簽名並加註日期。

5.【主任（意見及簽章）】：主任每兩個月檢視一次 ISP 執行情形，給予意見、簽名並加註日期。

三、使用時機

用於督導／組長／副組長及主任每月或每兩個月追蹤服務使用者 ISP 執行情形之督導紀錄。

財團法人○○社會福利基金會
專業團隊服務申請表／回覆單（表十四）

轉介單位				轉介日期		電話	
				轉介人員		傳真	
姓名		性別	□男	出生日期	年　月　日		
			□女	障別		等級	
目前所接受的服務	□早期療育（時制）　□早期療育（日托班） □日間照顧　□全日型住宿 □夜間型住宿　□其他：			接受機構服務的時間	年　月　日起		
轉介目的	□新進服務使用者評估　□心理評估 □療育／復健評估及服務　□輔具評估 □肢體功能評估　□其他：						
轉介問題描述（單位服務人員之觀察）							
轉介單位期待							
附件資料：□基本資料表　□家訪紀錄表　□疾病診斷證明 □ISP 紀錄　□摘要表　□初評檢核表 □其他：							

轉介人員：＿＿＿＿＿＿　督導：＿＿＿＿＿＿　主管：＿＿＿＿＿＿

專業團隊服務回覆單							
姓名		轉介單位		轉介人員		回覆日期	
處理情形	□1. 研議開案： 原因說明及建議： □2. 確定接案： ◎主責人員： ◎預計服務期程及計畫：						
備註							

承辦人員：＿＿＿＿＿＿　督導：＿＿＿＿＿＿

專業團隊服務申請表／回覆單（表十四）使用說明

一、使用目的

需專業團隊提供非例行性服務時（如：有新進服務使用者或服務使用者有特定問題需要轉介或照會時），應於表中摘述服務使用者基本資料及中心初步評估之資料、觀察等，以利服務提供。

二、使用方法

(一) 專業團隊服務申請表

1.【轉介單位】：填寫各服務單位名稱。
2.【轉介日期】：填寫轉介專業團隊提供服務的年、月、日。
3.【轉介人員】：填寫各服務單位之社工、教保員。
4.【電話】與【傳真】：各服務單位之電話與傳真。
5.【姓名】：填寫服務使用者姓名。
6.【性別】：填寫服務使用者性別。
7.【出生日期】：填寫服務使用者出生之年、月、日。
8.【障別】與【等級】：填寫服務使用者障礙類別與程度。
9.【目前所接受的服務】：依服務使用者所接受的服務進行勾選，如：早期療育（時制）、早期療育（日托班）、日間照顧、全日型住宿、夜間住宿或其他。
10.【接受機構服務的時間】：服務使用者進入服務單位接受服務的時間。
11.【轉介目的】：依服務使用者本次轉介之需求或問題勾選相關之服務，如：新進服務使用者評估、心理評估、療育／復健評估及服務、輔具評估、肢體功能評估及其他（可複選）。
12.【轉介問題描述】（含單位服務人員之觀察）：教保員、社工對於服務使用者之各方面的狀況，做簡短描述。
13.【轉介單位期待】：依服務使用者之狀況，提出服務重點需求，作為專業團隊提供服務之參考。
14.【附件資料】：連同轉介單送出之資料，以協助專業團隊對服務使用者有初步了解，所附資料應於此欄勾選，如：基本資料表、家訪紀錄表、疾病診斷證明、ISP

紀錄、摘要表、初評檢核表及其他。

15.【單位簽蓋章】：由下列人員於填／閱內容後簽名或蓋章：

(1) 轉介人員：包含社工員、教保員等。

(2) 督導：各單位之組長、副組長、社工督導等。

(3) 主管：各單位一級主管。

(二) 專業團隊服務回覆單

1.【姓名】：填寫該次轉介之服務使用者姓名。

2.【轉介單位】：填寫該次轉介服務使用者其接受服務之單位。

3.【轉介人員】：填寫該次轉介表之轉介人員姓名。

4.【回覆日期】：填寫該次回覆轉介單位之時間。

5.【處理情形】：專業團隊收到轉介表後，以電話聯繫轉介單位討論並依需求安排相關人員，約定服務日期。

6.【備註】：當評估時如有特別需要的空間、設備或配搭人員（教保員、家長……）時，可填寫於備註欄內。

7.【單位簽蓋章】：由承辦人員及督導於填／閱內容後簽名或蓋章。

三、使用時機

當中心需要專業團隊非例行性服務時（如：有新進服務使用者或有特定問題需要轉介或照會專業評估時），應填寫此表以安排適切服務。

財團法人○○社會福利基金會 ＿＿＿＿＿＿＿＿ 中心

轉介表（表十五）

受照會／轉介單位					照會／轉介日期	年　月　日		
姓名		性別		出生日期	年　月　日	障礙類別等級	
住址					聯絡電話			
家屬或聯絡人		關係			電話			
主要問題（需求）與處遇								
照會／轉介因素與目的								
轉介社工：					主管：			

轉介單位地址：　　　　　　　　電話：　　　　　　傳真：

------------------- 請沿虛線撕下回覆 -------------------

＿＿＿＿＿＿＿＿ 轉介回覆單

照會／轉介日期					回覆日期	年　月　日	
案主姓名		性別		出生日期	年　月　日	障礙類別等級	
個案處理摘要							
社工：					主管：		

回覆單位地址：　　　　　　　　電話：　　　　　　傳真：

轉介表（表十五）使用說明

一、使用目的

作為照會或轉介相關服務單位的依據。

二、使用方法

1. 【受照會／轉介單位】：填寫受照會（對服務使用者仍在案服務之原轉介或個管單位）／轉介之單位。
2. 【照會／轉介日期】：填寫照會／轉介日期之年、月、日。
3. 【姓名】：填寫服務使用者姓名。
4. 【性別】：填寫服務使用者性別。
5. 【出生日期】：填寫服務使用者出生日期之年、月、日（民國）。
6. 【障礙類別等級】：填寫服務使用者障礙類別與程度。
7. 【住址】：視轉介的服務填寫服務單位地址或案家住址。
8. 【聯絡電話】：視轉介的服務填寫服務單位聯絡電話或案家電話。
9. 【家屬或聯絡人】：填寫家屬或聯絡人姓名。
10. 【關係】：填寫該位家屬或聯絡人與服務使用者的關係。
11. 【電話】：填寫家屬或聯絡人的聯絡電話。
12. 【主要問題（需求）與處遇】：分條列點填寫案主接受本單位服務的主要問題（需求）與處遇，內容應以與本次轉介事務有較高相關者為宜。
13. 【照會／轉介因素與目的】：填寫照會／轉介該單位的因素與目的、期待。
14. 【轉介社工】：轉介社工員簽章。
15. 【主管】：本服務單位主管簽章。
16. 【轉介單位地址】：填寫本單位地址。
17. 【電話】：填寫本單位聯絡電話。
18. 【傳真】：填寫本單位傳真。

以下由受理轉介單位回覆時填寫：

19. 【照會／轉介日期】：填寫受理轉介日期。
20. 【回覆日期】：填寫回覆日期。

21.【案主姓名】：填寫服務使用者姓名。
22.【性別】：填寫服務使用者性別。
23.【出生日期】：填寫服務使用者出生日期。
24.【障礙類別等級】：填寫服務使用者障礙類別程度。
25.【個案處理摘要】：填寫單位對於受理的轉介事項處理摘要。
26.【社工】：由主責該事務的填表社工簽章。
27.【主管】：該受理轉介單位主管簽章。
28.【回覆單位地址】：填寫該單位地址。
29.【電話】：填寫該單位聯絡電話。
30.【傳真】：填寫該單位傳真。

三、使用時機

1. 於案主或案家有服務需求須轉介至其他單位或方案時使用。
2. 當本轉介事務須照會相關服務單位時使用。

財團法人○○社會福利基金會 ______________ 中心

□評估 □安置 □ISP □ISP 修改 □轉銜 會議紀錄表（表十六）

姓名：____________　　出生日期：____年____月____日　　入中心日期：____年____月____日

開會日期：____年____月____日　　開會地點：______________

出席人員	職稱／稱謂	姓　名	職稱／稱謂	姓　名	職稱／稱謂	姓　名

結論：

□ 1. 同意 ISP 內容（或修改內容）

□ 2. ISP 修改意見如下

□ 3. 其他

會議紀錄表（表十六）使用說明

一、使用目的

1. 協助服務使用者、家長、專業團隊、教保員／生活服務員等，溝通ISP服務內容。
2. 因應評估、安置、ISP擬定、ISP修改以及轉銜等任一項目的而召開會議時之記錄表格。

二、使用方法

1. 【姓名】：填寫服務使用者姓名。
2. 【出生日期】：填寫服務使用者出生年、月、日（民國）。
3. 【入中心日期】：填寫服務使用者開始接受服務評估之日期。
4. 【開會日期】：填寫召開會議日期。
5. 【開會地點】：填寫召開會議地點。
6. 【出席人員】：需填寫出席人員之姓名與職稱。若家長無法參與會議，仍須以電訪方式詢問家長，在姓名欄註明電訪時間。
7. 【職稱／稱謂】：可填寫職位稱呼、專業身分、與個案關係之親友。
8. 【結論】：如同意 ISP 內容（或修改內容），則於□ 1.打勾 。

   若對原 ISP 內容有修改意見時，則於□ 2.打勾，並填入修改之建議後，於執行前召開 ISP 修改會議。

   若家長無法參與會議，則經電訪後將家長意見記錄於此。

三、使用時機

1. 個別化服務計畫擬定後，與家長聯絡召開 ISP 會議的日期、時間、地點。
2. 召開 ISP 會議時填寫此表。
3. 與家長說明計畫內容，填寫討論中做出的決議事項。
4. 若 ISP 會議執行期間有必要修正時，即召開修改會議。

財團法人○○社會福利基金會＿＿＿＿＿＿＿＿中心

ISP 修正意見表（表十七）

姓名：＿＿＿＿＿＿　　　　填表日期：＿＿＿＿＿＿

領域	原 ISP 目標	修正後 ISP 目標	修正原因

填表者：＿＿＿＿＿＿

ISP 修正意見表（表十七）使用說明

一、使用目的

1. 因應 ISP 目標不適合，而需要增刪、修訂時填寫此表。
2. 家長對於 ISP 持不同意見，而需要增刪、修訂時填寫此表。

二、使用方法

1. 【姓名】：填寫服務使用者姓名。
2. 【填表日期】：填寫召開會議日期。
3. 【領域】：依「服務使用者能力檢核評估表」及「年度評估暨計畫摘要表」（表六之一）之領域填寫。
4. 【原 ISP 目標】：依需修定之原訓練目標填寫。
5. 【修正後 ISP 目標】：依修正後目標填寫。
6. 【修正原因】：說明原 ISP 目標修正原因。
7. 【填表者】：教保員。

三、使用時機

1. 若 ISP 內容需要修改，則與家長聯絡召開 ISP 修正會議之日期。
2. 召開 ISP 修正會議之前完成此表格；並且在會議召開前，先交給家長看過，以便會議當天做深入討論。
3. 與家長說明 ISP 修正前後內容及原因。

陸 參考範例

財團法人育成社會福利基金會 臺北市城中發展 中心

基本資料表（表一）

服務起始日期：110.12.06　　　　填表日期：110.11.03

姓　　名：王小美　　性別：女　　生日：92 年 08 月 16 日
父親姓名：王〇華　　職業：商　　生日：53 年 12 月 15 日　　教育程度：大學
母親姓名：陳〇玉　　職業：家管　　生日：54 年 03 月 05 日　　教育程度：高中
戶籍地址：臺北[市]/縣 中正[區]/市/鄉/鎮 〇〇[路]/街　　段〇〇巷　　弄〇〇號〇樓
通 訊 處：臺北[市]/縣 中正[區]/市/鄉/鎮 〇〇[路]/街　　段〇〇巷　　弄〇〇號〇樓
電　　話：(日)（02）22〇〇-〇〇〇〇　　(夜)（02）22〇〇-〇〇〇〇
手　　機：09〇〇-〇〇〇-〇〇〇（母）
電子信箱：〇〇〇@gmail.com
身分證字號：A22〇〇〇〇〇〇〇　　障礙類別：智能障礙　　ICD 代碼：b117
障礙等級：□輕度　■中度　□重度　□極重度
服務使用者常用語言：■國語　□閩南語　□客語　□其他：

家庭史

父母親婚姻狀況：■同住　□分居　□離婚　□其他：
家庭經濟狀況：□低收入戶　□中低收入戶
□領取身障者生活補助費　■一般戶
與家人及其他重要家人相處情形：

稱謂	姓名	年次	職業	是否同住	對服務使用者態度
父	王〇華	53	保險公司經理	[是] / 否	■親密 □普通 □疏離 □衝突
母	陳〇玉	54	家管	[是] / 否	■親密 □普通 □疏離 □衝突
弟	王〇偉	93	〇〇高中三年級	[是] / 否	□親密 ■普通 □疏離 □衝突
				是 / 否	

教育史

學校（就讀班級）	時間起訖	離開原因
〇〇國小（啟智班）	98.09～104.07	■畢業 □結業 □肄業
〇〇國中（啟智班）	104.09～107.07	■畢業 □結業 □肄業
〇〇特殊教育學校	107.09～110.07	■畢業 □結業 □肄業

健康史

生產過程：□順產　■早產　□難產　原因：早產三個月（案母剖腹產）
何時發覺有異常狀況：□出生即發現　■3 歲以前　□3 歲至 6 歲　□國小期間
□國中期間　□18 歲以後　□其他
尚合併其他障礙：□視覺　□聽覺　□肢體　□智能　□精神症狀
□情緒或適應行為問題　□其他
對藥物可有過敏：□否　■是 名稱：阿斯匹靈
對食物可有過敏：■否　□是 名稱：
其他過敏現象：無

案號：110-A-041　　姓名：王小美　　填表日期：110.11.03

醫療史

病名	就醫期間	醫院／科別	醫師	治療內容	治療建議／結果
基因異常	92 年～107 年	臺大醫院／兒童遺傳門診	王○○	遺傳追蹤	原為每年定期追蹤，107 年經醫師評估後，不需再追蹤

接受服務史

單位名稱	服務內容	時間起訖	結束使用原因
○○特殊教育學校	學校餐廳實習	109.09～110.05	畢業

家系圖：

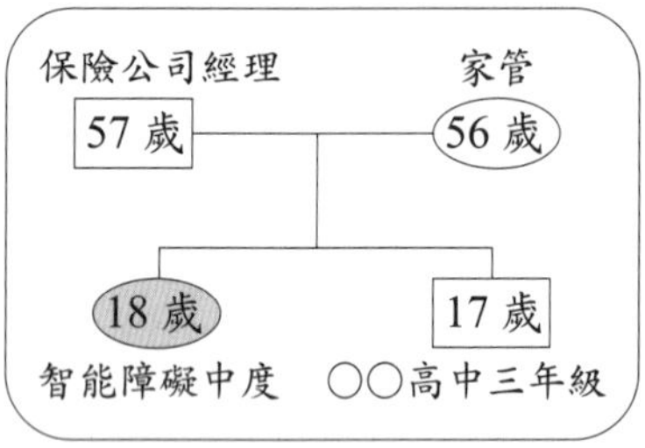

生態圖：

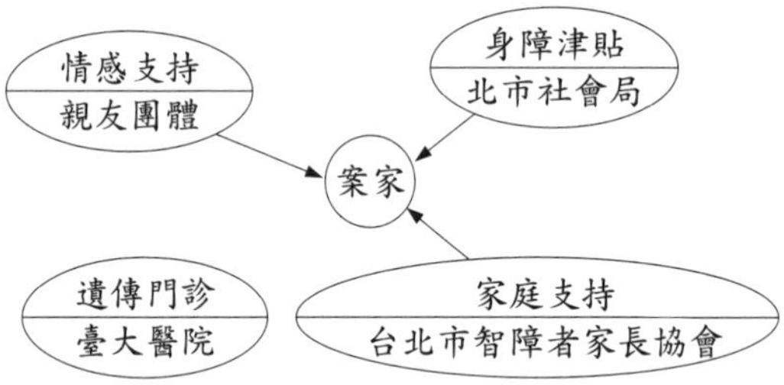

會談摘要：

一、個案描述：

1. 案主 92 年次，智能障礙中度。案主為早產兒，據案母表示案主在腹中時，超音波檢測發現案主的頭顱小於一般正常之胎兒。
2. 案主生活自理能力佳，盥洗、穿衣、飲食等皆能自理，且生活作息規律，平時在家都會協助案母家事工作。
3. 案主平日在家主要休閒活動為看電視，偶爾聽音樂。

二、家庭描述：

1. 案家有四口人。
2. 案父王○華 53 年次，為保險公司經理，家中事務的決策者，對案主生活上的事務很關心與注意，平日下班後或假日會主動帶案主外出遊玩或購買東西。
3. 案母陳○玉 54 年次，家庭主婦，對於案主相當疼愛，為主要照顧者，平日均由案母負責接案主返家。
4. 案弟王○偉 93 年次，目前就讀○○高中三年級，正準備大學學測中。

案號：110-A-041　　姓名：王小美　　填表日期：110.11.03

三、服務期待： 1. 案母表示希望案主可以在合適案主的機構中獲得獨立生活學習的機會。 2. 案母期望可以獲得相關休閒活動訊息，有機會多參與不同的活動，增加案主生活經驗。
附註：
緊急聯絡人：陳○玉　與服務使用者關係：母女　電話：（日）(02)22××-×××× （夜）09×××××××× 緊急聯絡人：　與服務使用者關係：　電話：（日） （夜）

填表者：社工 謝○○　　主管：主任 楊○○

陸

財團法人育成社會福利基金會 臺北市城中發展 中心

初評檢核表（表二）

案號：110-A-041　姓名：王小美　填表者：謝○○　填表日期：110.11.03

《溝通與理解》

1. 表達能力：
□會主動表達自己的意願　■在他人引導之下表達意見　□表達意見十分困難
2. 表達方式：
□以完整的句子表達　■以短句表達　□以單字／詞表達　□使用溝通輔具
□以動作／手勢表達　□完全無法表達
3. 對語言的理解能力：
□完全能理解　■必須轉換簡單詞句才能理解
□必須以圖卡或實際物品呈現才能理解　□僅能理解幾個簡單的語詞
4. 特殊情形，說明：

《基本生活概念與能力》

1. 能指出五官：■眼　■耳　■鼻　■口　■舌
2. 有數字概念：□認識所有數字　□能數到 100　■能數到 10　□無法數數
3. 認識常用的物品：■能指認出 10 樣以上物品　□能指認出自己所使用的物品
□無法指認
4. 閱讀能力：□能閱讀文字　■能閱讀繪本　□能讀出自己或親近家人的名字
□無法閱讀
5. 書寫能力：□能寫出有意義的文句　□能寫少量生活用語　■能仿寫
□能寫自己或親近家人的名字　□無法書寫
6. 時間觀念：□能看指針鐘時間　■能看數字鐘時間
□時間提示（聲音提示／圖示）下知道作息時間　□無時間觀念
7. 金錢使用：■認識錢幣與幣值　□知道存錢的意義　□無法理解金錢的意義
□能如常自行使用金錢（含找錢）　■在協助下使用小額金錢
□無法自行運用
8. 使用工具：■剪刀　□膠水　□膠帶　□其他
9. 交通能力：□可自行搭車／步行往返　□在他人協助下可搭車／步行往返
■完全需要他人接送
10. 其他，請說明：

《動作》

1. 抓握能力：■會自己一手拿起或放下物品　□會自己雙手拿起或放下物品
□在他人協助下抓握物品　□完全無法抓握物品
2. 操弄物品：■會敲東西　■會舀東西
□會甩動或搖動東西　■會擠捏東西
■會拉或推東西　■會高舉物品
■會扭轉或翻轉物品　■會揉搓物品

3. 追視能力：
■能主動追視物品／人　□在協助下追視物品／人　□無法追視物品／人
4. 大肌肉動作：
(1) 站：■可獨立站起　□需他人協助站起　□需使用輔具站起　□需完全協助
(2) 坐：■可獨立坐下　□需他人協助坐下　□需使用輔具坐下　□需完全協助
(3) 走：■可獨立行走　□需他人攙扶　□需使用輔具　□需完全協助
(4) 蹲：■可自行蹲下　□需他人攙扶　□需使用輔具　□需完全協助
(5) 上下樓梯：■可獨立完成　□需他人協助　□需使用輔具　□需完全協助
5. 特殊情形，說明：

《生活自理》（參採 ADL 日常生活活動量表）
1. 用　餐：■獨立完成　□口語提示下完成　□在動作協助下完成　□需完全協助
2. 喝　水：■獨立完成　□口語提示下完成　□在動作協助下完成　□需完全協助
3. 服　藥：□獨立完成　■口語提示下完成　□在動作協助下完成　□需完全協助
4. 洗　手：□獨立完成　■口語提示下完成　□在動作協助下完成　□需完全協助
5. 刷　牙：□獨立完成　■口語提示下完成　□在動作協助下完成　□需完全協助
6. 洗　臉：□獨立完成　■口語提示下完成　□在動作協助下完成　□需完全協助
7. 沐　浴：□獨立完成　■口語提示下完成　□在動作協助下完成　□需完全協助
8. 穿衣褲：■獨立完成　□口語提示下完成　□在動作協助下完成　□需完全協助
9. 脫衣褲：■獨立完成　□口語提示下完成　□在動作協助下完成　□需完全協助
10. 穿鞋襪：■獨立完成　□口語提示下完成　□在動作協助下完成　□需完全協助
11. 脫鞋襪：■獨立完成　□口語提示下完成　□在動作協助下完成　□需完全協助
12. 如　廁：■獨立完成　□口語提示下完成　□在動作協助下完成　□需完全協助
13. 處理月經（女生適評）：
□獨立完成　□口語提示下完成　■在動作協助下完成　□需完全協助
14. 刮鬍子（男生適評）：
□獨立完成　□口語提示下完成　□在動作協助下完成　□需完全協助
15. 特殊情形，說明：

《社會行為》
1. 互動模式：□與他人正常互動　■在口語提示下能與他人互動
□幾乎不與他人互動
2. 配合指令：□接收指令後可自行完成　■在口語／動作提示下能完成
□無法配合指令，只會照自己的意思做或離開現場
3. 適應陌生人：■無適應問題　□需短暫時間即可適應　□需較長的時間才能適應
4. 適應陌生環境：■無適應問題　□需短暫時間即可適應　□需較長的時間才能適應
5. 專注力：■對有興趣的事物能專注半小時　□對有興趣的事物能專注 10 分鐘
□對有興趣的事物能專注 5 分鐘　□專注力僅 10 秒之內
6. 適應環境轉換：■可適應　□不可適應
7. 午休習慣：■午休可趴睡　□無法午睡　□午睡叫不起來
8. 睡眠行為：■夜間睡眠正常　□夜間不睡　□半夜醒來多次　□早晨不易叫醒
9. 其他，請說明：

《情緒行為》

1. 傷害他人：

■無　□用頭撞人　□抓人　□抓人頭髮　□打／敲人　□推／撞人
□踢／踹人　□對人吐口水

2. 傷害自己：

■無　□咬手　□摳皮膚或傷口　□打頭／頸　□拍臉頰　□抓自己頭髮
□撞頭

3. 言語或聲音：

■無　□發出怪聲　□喊叫　□尖叫　□哭泣　□喃喃自語

4. 破壞物品：

■無　□丟物品　□摔物品　□撕物品　□敲壞物品　□拆解物品

5. 不合常規的社會行為：

■無　□未經許可拿他人物品　□不斷找人幫忙　□不斷跪地
□躺地不起　□在地上打滾　□碰觸／撫摸別人　□擁抱別人
□碰觸／撫摸自己身體部位　□在公開場合脫光衣服
□吐口水在腳邊　□暴衝行為　□躁動不安
□過動行為　□遊走　□用力跳躍頓地　□過度退縮行為
□其他，請說明：

《休閒與個人喜好》

喜歡的活動　跳舞、看書、玩撲克牌

不喜歡的活動　沒有特別不喜歡的活動

愛吃的食物／飲料／物品　番茄／果汁／髮夾

不愛吃的食物　葡萄柚

喜愛的人　爸爸、媽媽

喜歡看的電視節目　卡通

討厭的事物　會怕狗

其他，請說明

《補充說明》

財團法人育成社會福利基金會 臺北市城中發展 中心

觀察紀錄表（表三）

姓名：王小美　　填表者：王〇〇　　日期：110 年 12 月 06 日

領域別	觀察記錄
居家生活	1. 到中心能自行脫下外套，將外套放在桌上摺疊好並收進櫃子。 2. 會按壓飲水機，會辨識飲水機上的顏色紅、白、藍三個按鍵，並能說出代表的意義，在教保員口語提示冬天喝溫開水，才會飲用溫開水。 3. 洗手時，不會按壓壁掛式洗手乳，經動作示範單手手掌按壓洗手乳的方式，因手掌較小仍無法順利單手按壓，而改用一手按壓，另一手接洗手乳後，即能順利按壓出洗手乳洗手。 4. 能熟練地使用筷子進食，能夠將自己餐盤中食物吃光。 5. 用餐完後，會在口語提示下將掉在桌面上的菜渣撿進碗裡清理乾淨。 6. 上廁所時，會主動將馬桶坐墊放下，不會檢視坐墊是否乾淨，詢問是否有髒汙，會觀看坐墊後回應：「不知道。」
休閒娛樂	1. 聽到旋律會隨著音樂自由的搖擺身體，會依老師的動作來模仿舞動肢體跳舞，但有時動作上會較無法跟上。 2. 參與團體拋接球等體能活動時，會以安靜旁觀的方式觀看團體活動，在鼓勵下能參與活動。
健康管理	1. 上午的點心及午餐會慢慢的全部吃完，對於糖果、餅乾不會主動表示要吃，但給予也會接受。 2. 在口語提示下要多喝開水才會去喝水。 3. 用完餐後，在口語提示下會拿牙刷刷牙。刷牙可以從右邊外側牙齒開始刷，牙齒外側能由內往外刷至左邊外側；在刷內側時，需動作協助調整牙刷角度。
作業活動	1. 在處理青菜時，無法從較多量青菜中將枯黃的葉子一一挑選出來，但在教導用少量青菜方式進行挑選時，即能將蔬菜枯黃的葉片挑選出來並摘除。 2. 會配合指令，可用湯匙將適當分量的菜餚盛裝至便當內。 3. 穿圍裙時，無法在背後打結，在動作協助下，將圍裙的繩子轉到前面來打結後，順利完成打結。 4. 會用左手的大拇指、食指、中指做捏取，能將芹菜葉摘除，但有時仍會連同芹菜梗一起摘除，在口語提示下能只摘除芹菜葉。在準備切菜前，能自行將所需要使用的用具準備好，如：菜刀、砧板。
社會參與	1. 自我介紹時，會說出自己的姓名，並會寫自己的名字。請口述自我介紹時，不會主動表達，但可以在教保員詢問或口語提示下用簡單語句或點頭、搖頭回答。 2. 會說禮貌用語例如：老師早、大家再見。當客人上門時在鼓勵下會跟著同儕說：歡迎光臨。 3. 當有人詢問問題時，會先一直看著對方，並用「好」、「沒有」、「我知道」等簡短話語來回應。

組長：組長 李〇〇

財團法人育成社會福利基金會 臺北市城中發展 中心

觀察紀錄表（表三）

姓名：王小美　　填表者：王○○　　日期：110 年 12 月 07 日

領域別	觀察記錄
居家生活	1. 會依中心廁所標示分辨女生廁所，上廁所也會將門關上並鎖上。 2. 飲食前能主動把雙手清洗乾淨，清洗時，只會搓洗手掌幾下，口語提示下會清洗手背。 3. 用餐完畢後，會等待教保員的指示將碗放在水槽內離開，經口語提示後會將碗內殘渣倒入廚餘桶內。 4. 知道垃圾桶的位置，有垃圾時會主動拿去垃圾桶丟掉，丟資源回收物時，能依資源回收桶上的照片標示丟入正確的回收桶內。 5. 要清洗圍裙操作洗衣機時，在動作示範後能將電源線插上插座，並打開洗衣機開關及啟動鍵。
作業活動	1. 會說出常見的廚房用具，如菜刀、鍋子、碗、湯匙等；能從三種廚房用具中指認所要的用具。 2. 擦拭桌子會將工作檯以圓弧形的方式擦拭桌面，但桌子邊緣容易遺漏未擦拭，在動作提示下能擦拭乾淨。在口語提示下會擦拭桌子底層。 3. 清洗白蘿蔔時，會在動作示範下把白蘿蔔放在水龍頭下將泥土搓洗乾淨。 4. 會接受工作指令作業，若有不懂的地方不會主動向教保員反應，會停滯原地，等待教保員發現或詢問狀況，才會向教保員說：「不知道。」
社會參與	1. 與人互動時會面帶笑容用微笑打招呼，不會用身體去碰觸他人，對於別人的碰觸不會有立即拒絕的行為。 2. 下班離開中心時會告知教保員及主動打卡，且會與教保員和其他服務使用者揮手打招呼。

組長：組長 李○○

財團法人育成社會福利基金會 臺北市城中發展 中心

觀察紀錄表（表三）

姓名：王小美　　填表者：王○○　　日期：110 年 12 月 08 日

領域別	觀察記錄
居家生活	1. 穿圍裙時，無法在背後打結，在教導將圍裙繩子從前方來打結後，動作協助下可順利完成打結。 2. 工作結束後，將工作帽脫下時不知道自己頭髮凌亂，教保員告知頭髮亂了，會用梳子梳理頭髮。 3. 上完廁所會主動洗手，洗手時會使用洗手乳，但是洗完手後會將雙手在衣服上擦乾，口語提示下能用手帕將雙手擦乾。 4. 換穿室外鞋時，未能將鞋子正確放回自己的鞋櫃中，在教保員的口語提示下，將室外鞋脫掉後放回自己的鞋櫃中，再自行換穿室內鞋。 5. 清洗圍裙前，能將所有的圍裙放入洗衣槽內，操作時，未插上插頭立即要按下電源。在動作提示下能插上插頭，並按下電源、啟動鍵，完成洗衣操作。
休閒娛樂	1. 在繪塗圖畫時，會用線條畫出簡單的圖形，如：雲、太陽、花。分享繪畫的內容時，會說常用的形容詞來表示，如：漂亮的花等。 2. 會使用剪刀依紙上所畫的線條剪出約 15×15 公分大小的正方形、圓形或三角形，在進行剪貼美勞活動時，易剪出邊角的現象，但剪好的形狀仍可看出原本的圖形。
健康管理	1. 休息時間須提醒才會記得喝水，不會喝超過 1000 c.c.。 2. 早上到中心，會主動到值班的教保員處測量體溫，在書寫體溫表時，會依額溫槍上的數字書寫阿拉伯數字，但小數點會點錯位置。
作業活動	1. 洗碗前穿著防水圍裙，因正反面顏色相近，有時不會分辨正反面。 2. 清理殘渣時能夠使用抹布擦桌面，口語提示下用抹布將殘渣掃到籃子中，再倒入廚餘桶。 3. 洗菜時會在動作示範下將青菜放入水槽內，在教保員提示語進行下，將青菜在水槽內清洗，並用小籃子將青菜撈起至下一道的水槽內，並依第一道、第二道、第三道流程依序清洗乾淨。 4. 能使用抹布刷洗碗盤，沖洗鍋具則會漏掉部分周邊未能清洗乾淨，在動作示範下，能使用抹布沿邊刷洗乾淨。

組長：組長 李○○

陸

財團法人育成社會福利基金會 臺北市城中發展 中心

觀察紀錄表（表三）

姓名：王小美　　填表者：王〇〇　　日期：110 年 12 月 09 日

領域別	觀察記錄
居家生活	1. 想要上廁所時，不會告訴教保員，需等待教保員的提示或詢問後，才會表示要上廁所。上廁所前會拿兩張衛生紙對摺後來擦拭；擦拭完畢後，會丟入垃圾桶內。並在上完廁所後，會主動沖馬桶。 2. 刷完牙會拿毛巾洗臉。洗臉前會將毛巾放在水槽內來回搓洗一次，但未換面搓洗就要將毛巾擰乾，且無法將毛巾完全擰乾。 3. 會到烘碗機拿取自己的碗盤用餐，若遇有較燙的碗盤，會套用隔熱手套，拿取碗盤。 4. 用餐完拿取衛生紙擦嘴巴，餐後要離開座位時會說：「大家請慢用」，並在動作示範下，將碗內殘渣用湯匙刮入廚餘桶內，會將使用過的衛生紙丟入垃圾桶內。 5. 上廁所時，在口語提示下會檢視馬桶坐墊及發現坐墊有水漬會用手指出，教保員詢問該如何處理時，會回應「衛生紙擦乾淨」，會立即用衛生紙擦拭；擦拭馬桶時只會擦拭前半段，後半段及邊緣部分在動作提示下即可擦拭乾淨。
休閒娛樂	1. 會參與撲克牌遊戲，會逐一發牌給每位夥伴，能辨識撲克牌裡 1 至 K 的數字。 2. 聽到中心打卡鐘聲響時，會與同儕一同到地下室集合，會跟隨老師的動作學習舞蹈，並顯出喜歡快樂的表情。
健康管理	1. 中午洗好碗時，會擠壓洗手乳在手掌上，模仿教保員的動作將雙手掌心揉搓均勻，但會忘記揉搓手背。 2. 中午洗好碗時，在口語提示下會抹上洗手乳，會雙手揉搓均勻。
作業活動	1. 在處理青菜時，無法從較多量青菜中將枯黃的葉子一一挑選出來，但在教導用少量青菜方式進行挑選時，即能將蔬菜枯黃的葉片挑選出來並摘除。 2. 會配合指令，可用湯匙將適當分量的菜餚盛裝至便當內。 3. 穿圍裙時，無法在背後打結，在動作協助下，將圍裙的繩子轉到前面來打結後，順利完成打結。 4. 會用左手的大拇指、食指、中指捏取，能將芹菜葉摘除，但有時仍會連同芹菜梗一起摘除，在口語提示下能只摘除芹菜葉。在準備切菜前，能自行將所需要使用的用具準備好，如：菜刀、砧板。

組長：組長 李〇〇

財團法人育成社會福利基金會 臺北市城中發展 中心

觀察紀錄表（表三）

姓名：王小美　　填表者：王○○　　日期：110 年 12 月 10 日

領域別	觀察記錄
居家生活	1. 拖地時，會左右來回將地板拖濕，在拖地時遇有其他物品，會將物品移開，拖完會記得將物品歸回原來的位置。 2. 會在雙手擦乾的狀況下，打開吹風機開關吹乾衣服弄濕的部位，直到吹乾。 3. 會自己穿脫更換制服或外套，在提示下會將衣領翻好，並且在提示下會照鏡子檢查是否整齊。 4. 早上在提醒下會量體溫及體重，會說出額溫槍所呈現的溫度數字，會在體溫紀錄表填寫溫度，但是書寫小數點會點錯位置。 5. 操作洗衣機清洗制服時，能在口語提示下插上插頭，並按下電源及啟動鍵。 6. 用餐時，教保員提醒用餐完需清理桌面，會看著同儕用餐完畢後拿抹布來擦拭桌面，也會模仿拿取抹布來將桌面上的菜渣清理乾淨。
休閒娛樂	1. 參與撲克牌的「排七」遊戲，能從數張撲克牌中找出「7」的牌卡，在口語提示下，可以找到所需排列的牌卡。 2. 會唱兒童歌曲〈蝴蝶〉，會跟隨同儕依卡拉 OK 的伴唱旋律唱流行歌曲。
健康管理	1. 會拍打彈跳的籃球，與夥伴做拋接時能準確接球。 2. 可以站著工作，具備持續工作兩小時以上的體力與耐力。 3. 在轉換時間會摳指甲，並將指甲邊的皮膚撕下，造成小傷口。在教保員詢問下，才會表示手「刺刺的」、「癢癢的」，提醒要擦藥後會自行抹藥。
作業活動	1. 剛開始要切菜時，會擔心害怕不敢拿菜刀，經過口頭的鼓勵後，會用一隻手握住青菜，但手距離菜刀較近，需調整握菜手勢才不致切到手指。 2. 會看有圖示、照片的工作分配表，但在執行每項工作完畢後，需在教保員提醒下才會執行下一項工作。 3. 能說出刨刀、刨絲的工具名稱，並能知道工具擺放的位置。 4. 會用抹布將桌面的菜渣撥進小籃子內，再倒入生食廚餘桶。
社會參與	1. 工作時能保持穩定的情緒，會安靜聽他人說話，並以微笑或點頭回應。 2. 被同儕黃○○碰到胸部時會跑來告訴教保員。 3. 在速食店用餐，能夠遵守排隊點餐順序，並用指認 DM 的方式向店員完成點餐流程。 4. 外出時會跟隨同儕隊伍前進，能辨識紅綠燈，到達路口遇有紅綠燈時，看到行人號誌燈變紅燈，會停下來，等待綠燈後再過馬路。

組長：組長 李○○

財團法人育成社會福利基金會 臺北市城中發展 中心

觀察紀錄表（表三）

姓名：王小美　　填表者：王○○　　日期：110 年 12 月 13～17 日

領域別	觀察記錄
居家生活	1. 中午用餐前，能主動拿取自己的碗盤、筷子、湯匙、飯匙自行盛飯，問她飯量夠嗎？會回應「夠了」。 2. 用餐後會拿菜瓜布沾清潔劑先將碗底洗過，再將碗沿邊清洗，隨後用清水將清潔劑沖乾淨。 3. 洗臉時，將大條毛巾改換小條毛巾時，可將毛巾搓洗乾淨並確實擰乾，在使用過後會歸位。 4. 擦拭臉部會先以旋轉方式將整個臉部擦拭完後，再從額頭、鼻子、耳朵、脖子、嘴擦拭乾淨，有時會遺漏擦拭臉頰處，若用洗面乳洗臉時，用捧水的方式洗臉仍有殘留泡泡未沖洗乾淨。 5. 遇有天氣變化，教保員詢問是否會冷要添加衣服時，會表示有帶背心要穿起來。 6. 操作洗衣機清洗制服時，能插上插頭，並按下貼有記號的電源及啟動鍵。 7. 會在提醒下去上廁所，擦拭馬桶時只會擦拭坐墊的前半段，遺漏邊緣的部分未擦拭乾淨，能在口語提示下將未擦拭的部分擦拭乾淨。
休閒娛樂	1. 會指認撲克牌數字，會玩「排七」遊戲，會依自己喜歡的興趣在調查表上勾選「玩牌」。 2. 在玩超市大富翁時，會擲骰子，並依骰子上的點數來走步。
健康管理	1. 用鬧鐘來設定喝水時間，設定的時間到時，聽到鈴聲響，會主動去喝水。 2. 上肢柔軟度夠，使用仰臥起坐板能做仰臥起坐至少 12 下。 3. 用餐完會跟隨同儕拿牙刷刷牙，用牙刷刷完牙後，會再使用單束牙刷上下刷洗，但齒縫間仍有菜渣。
作業活動	1. 會同時使用雙手的拇指和食指將橡皮筋撐開套進便當盒。 2. 拖地時，會聽從教保員指令將圓形拖把放入水桶內數 10 下清洗，再用擰乾器擰乾拖把。 3. 使用保鮮膜包覆碗盤前，拉開保鮮膜時，易將保鮮膜扯成皺褶狀，在動作協助下能順利完成。 4. 清洗碗盤時，能在口語提示下將碗盤邊緣及碗底用抹布刷洗乾淨。
社會參與	1. 會辨識公共廁所的男女廁所標誌，並正確選擇進入。會到女生廁所上廁所，也會將門關上並鎖上。 2. 在機構外餐廳進食，能保持安靜進食習慣。 3. 到圖書館會安靜閱讀書籍，且在教保員指導下，操作借閱圖書的掃描儀器，完成借書流程。 4. 要離開中心時，會向教保員、同儕說再見。

組長：組長 李○○

財團法人育成社會福利基金會 臺北市城中發展 中心

觀察紀錄表（表三）

姓名：王小美　　填表者：王○○　　日期：110 年 12 月 20～24 日

領域別	觀察記錄
居家生活	1. 吃完飯會將碗盤拿給教保員檢查是否有洗乾淨，才會將碗盤放入烘碗機內。 2. 生理期來時，會向教保員表示要換衛生棉，會將衛生棉的包裝拆開連同髒汙的衛生棉捲起來丟入垃圾桶內。更換時，會重複黏貼衛生棉，無法貼於正確的位置。在動作提示下可貼於正確的位置。 3. 洗手後，會主動拿手帕將手心、手掌擦乾。 4. 洗完臉會自行將毛巾搓洗並扭乾放在盒子上。 5. 刷牙時會先將水杯裝好水放置在水槽邊，在口語提示「輕輕壓」，能擠出少量的牙膏在牙刷上，刷牙仍需再提示換刷另一處。 6. 使用電鍋時，會將所要蒸的物品放入電鍋內，會忘記要蓋上鍋蓋，或忘記加水就要按下煮飯的開關，蒸好時未使用隔熱手套就要拿取物品且會忘記拔掉插頭。在動作示範下會配合指令來操作。
休閒娛樂	1. 知道電腦開關的位置，會自行開機。開機後，不知道電腦遊戲檔案的位置而停頓下來，直到教保員來協助。需要在動作示範下，依電腦遊戲的規定來操作按鍵。 2. 會模仿教保員舞蹈的動作，也會記住少部分的動作，在口語提示下，有時會跟上教保員的動作。
健康管理	1. 在設定喝水的鈴聲響時，會主動拿畫有標示記號的杯子至飲水機接水來喝。裝水時，能將水裝到記號處停止。喝水量約有 2000 c.c.。 2. 刷牙時，會主動照鏡子將牙齒刷乾淨，能在提醒「要轉牙刷」後，自行調整牙刷角度。需在動作協助下使用牙線清除齒縫間的菜渣。
作業活動	1. 切菜時會右手拿菜刀左手做固定，遇有較硬的菜會一次切一大把，切菜會像用割的動作，才把菜切斷，口語提示下，可分成小把來切菜，如：龍鬚菜。 2. 拖地時，會配合提示將圓形拖把放入水桶內數 10 下清洗，再用擰乾器擰乾拖把。 3. 使用保鮮膜包覆碗盤前，拉開保鮮膜時，易將保鮮膜扯成皺褶狀，在動作協助下能順利完成。 4. 清洗碗盤時，能在口語提示下將碗盤邊緣及碗底用抹布刷洗乾淨。
社會參與	1. 在協助下會辨認國字及仿寫簡單的國字。在書寫存款單時，在口語提示下會於戶名欄內書寫姓名，在動作提示下書寫帳號及金額。 2. 對於教保員的問話會簡短的應答如：好、知道、對。有時會以點頭或搖頭回應教保員。 3. 前往超市購物時，能說出超市的名稱，但對於購物單上的物品，無法在超市內找到歸屬的區域。

組長：組長 李○○

財團法人育成社會福利基金會 臺北市城中發展 中心

觀察紀錄表（表三）

姓名：王小美　　填表者：王○○　　日期：110 年 12 月 27～31 日

領域別	觀察記錄
居家生活	1. 清洗圍裙前，能將所有的圍裙放入洗衣槽內，依操作洗衣機的流程圖卡插上插頭，並按下電源與啟動鍵。 2. 回家前會將換下來的圍裙摺好放進背包裡，並將雨鞋放進袋子內，等待家人接回。 3. 午休時間，會依提示拿取外套蓋在身體上，能配合作息，與同儕安靜趴在桌面上。 4. 入廁所前會告知教保員要把馬桶擦乾淨，若馬桶坐墊無水漬也會用衛生紙把坐墊擦拭一遍，遇有水漬的部分會針對此處擦拭乾淨。 5. 喜歡用髮圈綁頭髮，但在綁頭髮時易造成部分頭髮散落於髮圈外，而無法順利將頭髮全部綁起來。
休閒娛樂	1. 玩撲克牌時，會用雙手將牌卡上下來回洗牌，在發牌時也能依序發給同儕，喜歡玩「心臟病」遊戲，當牌卡號碼與喊者數字相同時，會伸出手去拍打牌卡。 2. 觀看影片時，會安靜坐在椅子上看影片，若有人笑的時候，也會跟著微笑。有被蚊子叮咬時，會說好癢，教保員詢問須如何處理，會說要抹藥。
健康管理	1. 在午休時間，能配合作息，與同儕安靜趴在桌面上，偶爾會抬頭看一下之後，又能趴著不會出聲。 2. 用餐完會主動拿牙刷刷牙，刷牙滴入牙菌斑顯示劑時，會照鏡子將顯示紅色的部分刷乾淨，但牙齒縫隙仍無法清乾淨。
作業活動	1. 能分辨生食廚餘及熟食廚餘，並將切下來不要的菜渣倒入生食廚餘桶內。 2. 清洗碗盤時，能自行將碗盤內及邊緣處、碗底用抹布刷洗乾淨。 3. 能說出二種開啟容器的工具。使用開罐器時，容易發生不平穩的現象，在動作協助下能順利開啟。 4. 切菜時會依教保員切好的樣式去比對要切的長度。
社會參與	1. 搭乘捷運時，會拿悠遊卡感應後進入捷運站內，候車時會站於黃線內，待車子停妥後會依序上車。 2. 不善於表達自己內心的感覺及想法，常用模仿他人說話發表意見。 3. 前往郵局存款時，會跟隨同儕抽取號碼單，需等待教保員口語提示，才到指定的櫃檯辦理存款手續。

組長：組長 李○○

財團法人育成社會福利基金會 臺北市城中發展 中心

服務需求及資源連結狀態表（表四）

評量期間：111 年 01 月～111 年 12 月　　評量日期：110 年 12 月 31 日

案號	110-A-041		姓名			王小美				
分類	需求項目	需求評估	連結資源			未能連結資源之原因				
						外在障礙				
		需此項資源（✓需求者）	已連結所需資源	已連結部分資源	未能連結到資源	資源有限制	無法連結資源	資源已被案主耗盡	缺乏次要資源	內在障礙
健康醫療	101. 一般性疾病醫療（　　　）									
	102. 精神科醫療									
	103. 物理治療									
	104. 職能治療									
	105. 語言治療									
	106. 聽力復健									
	107. 視力復健									
	108. 心理復健									
	109. 營養諮詢									
	110. 居家醫療									
	111. 居家護理									
	112. 居家復健									
	113. 輔助器具									
	114. 身障再鑑定									
	115. 重大疾病醫療									
	116. 酒癮治療									
	117. 藥癮治療									
	118. 發展評估									
教育發展	201. 身心障礙者升學甄試									
	202. 學力鑑定									
	203. 夜間補校									
	204. 課業輔導									
	205. 融合教育									

分類	需求項目	需求評估	連結資源			未能連結資源之原因				
						外在障礙				
		需此項資源（✓需求者）	已連結所需資源	已連結部分資源	未能連結到資源	資源有限制	無法連結資源	資源已被案主耗盡	缺乏次要資源	內在障礙
教育發展	206. 巡迴輔導									
	207. 在學助理									
	208. 成人教育									
職業重建	301. 職前準備									
	302. 職業重建個案管理									
	303. 一般性就業服務									
	304. 支持性就業服務									
	305. 庇護性就業服務									
	306. 職業輔導評量									
	307. 職務再設計									
	308. 職業訓練									
	309. 創業輔導									
	310. 市場攤位									
	311. 公益彩券經銷商									
安置照顧	401. 日間型生活照顧機構	✓	✓							
	402. 全日型住宿機構									
	403. 夜間型住宿機構									
	404. 安養中心									
	405. 護理之家									
	406. 精神復健機構									
	407. 緊急安置									
	408. 寄養家庭									
	409. 長照日間照顧服務									
	410. 長照小規模多機能服務									
個人支持	501. 居家照顧服務									
	502. 送餐服務									
	503. 生活重建									
	504. 心理重建									

分類	需求項目	需求評估	連結資源			未能連結資源之原因				
						外在障礙				內在障礙
		（✓需求者）需此項資源	已連結所需資源	已連結部分資源	未能連結到資源	資源有限制	無法連結資源	資源已被案主耗盡	缺乏次要資源	
個人支持	505. 社區居住									
	506. 婚姻與生育輔導									
	507. 兩性交往									
	508. 社區式日間照顧服務									
	509. 社區日間作業設施服務									
	510. 家庭托顧服務									
	511. 改善家人（服務使用者）觀念及關係									
	512. 加強溝通能力									
	513. 定向行動訓練									
	514. 手語翻譯服務									
	515. 諮商輔導服務									
	516. 加強生活自理能力									
	517. 信託服務									
	518. 轉銜服務									
	519. 自立生活支持服務									
家庭支持	601. 加強家人照顧能力									
	602. 非正式人力服務									
	603. 非正式人力家事服務									
	604. 醫療看護									
	605. 親職教育									
	606. 臨時及短期照顧服務	✓		✓						
	607. 緊急救援與安全服務									
	608. 照顧者支持及訓練與研習									
	609. 新移民支持性服務									
	610. 長照家庭照顧者支持服務									

陸

分類	需求項目	需求評估	連結資源			未能連結資源之原因				
						外在障礙				
		需此項資源（✓需求者）	已連結所需資源	已連結部分資源	未能連結到資源	資源有限制	無法連結資源	資源已被案主耗盡	缺乏次要資源	內在障礙
生活扶助	701. 低收入戶生活補助									
	702. 身障者生活補助									
	703. 日間照顧及住宿式照顧費用補助									
	704. 醫療補助									
	705. 療育補助									
	706. 居家照顧費用差額補助									
	707. 生活及復健輔助器具補助									
	708. 國民年金									
	709. 房屋租金及購屋貸款利息補貼									
	710. 購買停車位貸款利息補貼或承租停車位補助									
	711. 急難救助									
	712. 健保自付保費補助									
	713. 勞保自付保費補助									
	714. 特殊境遇家庭扶助									
	715. 學雜費減免補助									
	716. 交通費補助	✓		✓						
	717. 職訓生活補助									
	718. 失業給付									
	719. 其他經濟協助	✓	✓							
居住服務	801. 申請平價住宅									
	802. 申請承租／購置國宅									
	803. 改善居家無障礙環境									
	804. 租屋服務									
	805. 戶籍遷徙									
	806. 協助搬家									
	807. 申請社會住宅									

分類	需求項目	需求評估	連結資源			未能連結資源之原因				
						外在障礙				內在障礙
		需此項資源（✓需求者）	已連結所需資源	已連結部分資源	未能連結到資源	資源有限制	無法連結資源	資源已被案主耗盡	缺乏次要資源	
法律服務	901. 法律諮詢									
	902. 法律扶助									
	903. 協助監護或輔助宣告									
社會支持	1001. 社會參與									
	1002. 宗教關懷									
	1003. 交通服務									
	1004. 公平之政治參與									
	1005. 無障礙環境									
	1006. 輔助科技設備及服務									
	1007. 關懷訪視及友善服務									
其他	1101. 兵役問題									
	1102. 其他—休閒活動	✓	✓							
合計		5								

整體評量

1. 優先的項目：臨托資源→休閒活動。
2. 其他意見及補充：
   (1) 問題需求：案家需要連結臨托資源。
   說明：案母希望能安排臨托服務的轉介，以便於在必要時有人可以協助照顧。
   (2) 問題需求：案家需要休閒活動資訊。
   說明：案母希望讓案主有更多機會參與不同的休閒活動，故希望社工員能多提供活動資訊。

註：本表係參考「臺北市身心障礙資源中心個案服務需求及資源連結狀態表」修改。

填表社工員：社工 謝○○　　社工督導：主任 楊○○　　中心主管：主任 楊○○

財團法人育成社會福利基金會 臺北市城中發展 中心

■接案（家庭生態評估） □定期（ 年 月～ 年 月） □轉介 □轉銜 □結案

摘要表（表五）

填表日期：110 年 12 月 31 日

姓名	王小美	案號	110-A-041	性別	女	出生日期	92 年 08 月 16 日
障礙類別程度	智能障礙中度	地址	100 臺北市中正區○○路○段○○巷○○號○樓				

家系圖

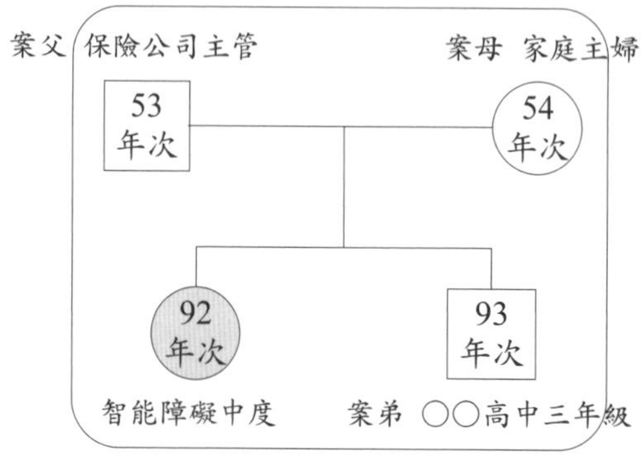

生態圖

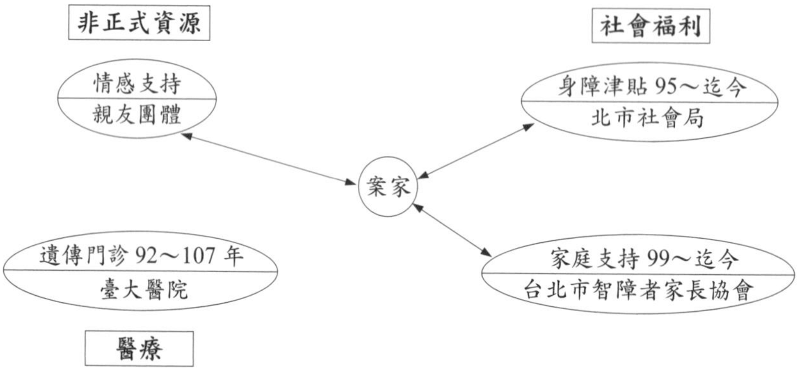

一、案主描述

1. 成長史：案主92年次，智能障礙中度。案主為早產兒，據案母表示案主在腹中時，超音波檢測發現案主的頭顱小於一般正常之胎兒。案主出生後因頭顱過小曾被懷疑為小腦症，後案母帶案主到臺大醫院檢查，發現案主非為小腦症，為基因缺陷所造成，當時醫生曾提到案主此情形將會影響智能發展。
2. 教育史：案主曾先後畢業於○○實小、○○國中啟智班與○○特殊教育學校。
3. 接受服務史：案主於○○特殊教育學校時曾在洗衣庇護工場實習，三年級下學期曾在案阿姨長安西路的公司打工，主要工作內容為清潔工作，每月領有薪資並享有勞健保，學校畢業後結束該公司工作。

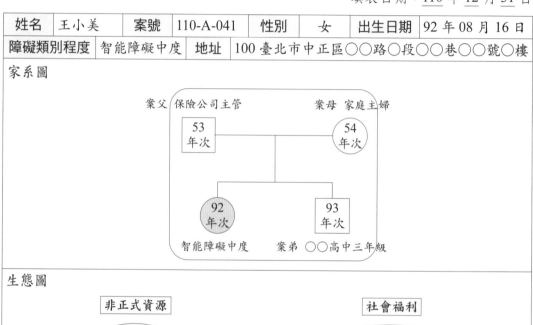

4. 健康史：案主從小對於藥劑阿斯匹靈有過敏反應，過敏反應情形為眼皮、臉部、四肢末梢浮腫，待藥物經腎臟排泄功能排出體外後，浮腫情形會獲得改善。
5. 生活自理：案主生活自理能力佳，盥洗、穿衣、飲食等皆能自理，且生活作息規律，平時在家都會協助案母家事工作。
6. 認知能力：案主認知能力佳，對於生活日常用品、顏色、大小都能正確指認與使用；對於金錢能指認但無找錢的能力，會使用計算機且會看數字鐘。
7. 人際溝通：案主可與他人做口語交談，但咬字較為不清楚，多以短句作為回應，常笑臉迎人，給人良好的第一印象。
8. 休閒娛樂：案主平日在家主要休閒活動為看電視，偶爾會玩掌上型電動遊樂器或聽音樂。其次，案家人會在假日時全家一同外出遊玩。

二、家庭狀況

1. 案父／王○華：案父 53 年次，為金融業高階主管，家中事務的決策者，對案主生活上事務很關心與注意，平日下班後或假日會主動帶案主外出遊玩或購買東西，家人間相處融洽。
2. 案母／陳○玉：案母 54 年次，家庭主婦，對於案主相當疼愛，為主要照顧者。
3. 案弟／王○偉：案弟 93 年次就讀○○高中三年級，據案母表示，案弟曾經在案父母不在家時，主動表示要協助照顧案主，也會請案主幫忙拿東西或倒水。

三、居家環境

1. 案家的住宅性質是自宅，住宅型態為公寓四樓。
2. 案家為三房一廳一衛一廚，客廳中物品擺放整潔且民生物品皆齊全，電視機旁的矮櫃擺放許多小飾品。
3. 案父母、案主與案弟各一間房，其中除案父母的房間之外，其餘房間空間皆不大；案主與案弟皆為單人床，案主房間較為整潔，房內有一電視、衣櫥與書桌，在書桌旁的矮櫃上放置數個布偶，光線昏暗。
4. 案家尚有一頂樓加蓋，為案母之前修改衣服的工作室，另有一小房間為雜物室，其餘室外空間為案家晾曬衣物之處。

四、社區環境

1. 案家位於○○路○段○○商圈附近巷弄內，一走出巷弄即有○○超市及許多小吃店，走至○○路上有銀行、餐廳、麵包店等，生活機能便利。
2. 案家步行至本中心約需 15～20 分鐘路程，距○○捷運站步行距離約 10 分鐘，並有多條公車路線經過，交通十分便利，唯車流量大，交通較為壅塞，案家人皆以轎車或摩托車代步，甚少使用大眾交通工具。

五、資源運用狀況

1. 非正式資源：
   (1) 案家從案主在國小一年級即為台北市智障者家長協會的會員，與許多案家熟識，提供彼此情感支持。
   (2) 案叔住在案家附近，兩家人時常往來，據案母表示案叔或案嬸有時會買東西請案主與案弟吃，互動關係良好。其次，案母的兄姊雖皆住在國外，但彼此時常以電話聯繫情感。
   (3) 案家與鄰居互動尚佳，如案母認識案家巷口美容院，常帶案主前往洗頭，並常與街坊鄰居聊天。

2. 社會福利：案主每月領有身心障礙者津貼 3,000 元。
3. 醫療：案主因基因異常，出生後即在臺大遺傳門診就診，並每年定期追蹤一次，至 107 年經醫師評估後，不需再追蹤。

六、案主（案家）的主訴需求

1. 案母希望案主能在中心接受服務，並希望案主能健康快樂。
2. 案母表示案主對任何人都笑咪咪的，不會分辨好人、壞人，對危險情境辨識力較低，期望中心可以多指導案主自我保護及求助方法。
3. 案母希望能安排臨托服務的轉介，以便於在必要時有人可以協助照顧。
4. 案母期望可以獲得相關休閒活動訊息，多有機會參與不同的活動，增加案主生活經驗。

七、評估分析

1. 助力分析：
   (1) 案主臉上時常有笑容，給他人第一印象良好，從小就很受師長、鄰居與長輩之喜愛。
   (2) 案家人親子間互動良好，提供案主不論是情感或是生活上正向的支持與發展。
   (3) 案家有許多非正式資源介入，如親戚往來、鄰友接觸，提供案主與案家不論是情感上或是生活上的相互支持。
2. 阻力分析：
   (1) 案家人雖疼愛案主，但對於案主很保護，如案主從小就學或工作皆須有家人接送或親友陪同，以致案主沒機會獨自與外界接觸，發展獨立自主之能力。
   (2) 案主個性害羞，主動表達病痛及自身需求的能力較弱，也因此較為缺乏自我保護的能力。

八、中心目前提供服務內容

1. 教保組：
   本中心於 12 月 6 日起正式安排案主在中心各組接受一個月的服務評估，了解案主實際整體狀況，提供後續的服務規劃。
2. 社工組：
   (1) 針對阻力(2)，社工擬請教保組於日常生活中，支持案主表達能力的學習。
   (2) 針對案家的主訴需求 2.，社工擬請教保組培養案主自我保護及求助的能力，並適時提供所需之溝通與協助。
   (3) 針對案家的主訴需求 3.，將協助轉介台北市智障者家長協會臨托服務，以滿足案家需求。
   (4) 針對案家的主訴需求 4.，社工將不定期提供案母有關協會休閒班及體適能班、親職講座的資訊，以滿足案主的休閒需求。

填表者：社工 謝○○　　社工督導：主任 楊○○　　主管：主任 楊○○

財團法人育成社會福利基金會 臺北市城中發展 中心
家長意見／期待調查表（表五之一）

親愛的家長（屬）們：

本中心為擬定 111 年度新的服務目標，請就下列項目提供您的意見與期待，作為擬定「個別化服務計畫」之參考。感謝您寶貴的建議！

服務使用者：王小美　　家長簽名：陳〇玉　　填表日期：110 年 11 月 3 日

項　目	家長意見／期待
生活自理 （飲食、如廁、漱洗衛生、穿著、處理衣物、清潔、健康、家電使用與維護）	1. 生理期的時候會把褲子弄髒，麻煩老師幫忙教我女兒把衛生棉貼好。 2. 希望老師教小美使用電鍋，因為有時候我會不在家，希望她能用電鍋蒸食物給自己吃。
動作技能 （精細動作：抓、握、取物、操作器具；粗大動作：站、坐、行走、移動、轉位）	謝謝，無特殊需求。
人際溝通 （理解能力、口語表達技能、人際互動能力、自我倡導）	小美個性上比較會不好意思，很多事情都不敢說，請老師多訓練遇到事情要主動說出來，像生病不舒服要告訴老師。
休閒活動 （個人嗜好活動：美勞、音樂、手工藝、參與適齡的觀賞活動）	1. 能增加在家可以做的休閒活動，因為小美在家裡只有看電視、聽音樂，希望老師教小美玩電腦的小遊戲，讓她在家裡也可以用家裡的電腦玩。 2. 請多介紹相關的休閒活動資訊，假日時可以帶小美參加，提供小美不同的生活經驗。
性別教育 （性別辨識、自我保護、性別互動）	我女兒對別人都會笑咪咪的，誰都好，比較不會分辨好人或壞人；所以，請老師幫忙教我女兒保護自己或求助的方法。

項 目	家長意見／期待
膳食處理 （簡易烹飪：使用廚具、烹煮、清洗廚房）	目前不需要。
技藝陶冶 （基本閱讀、使用金錢、看時間、測量、工作習慣與態度）	目前不需要。
社會適應 （購物、餐廳用餐、使用社區娛樂設施能力、安全行走、搭乘交通工具）	目前不需要。
輔具應用 （輔具使用）	目前不需要。
健康照顧 （健康檢查異常值追蹤、體重管理、疾病回診與協助用藥、體適能等）	小美有藥物過敏，請協助留意。
家庭支持 （家長／家屬參與中心活動、增進親子聯繫、提供福利資源等）	期望可以介紹晚上或假日能協助照顧的福利服務資源，在必要時有人可以協助照顧小美。
其他	希望我家的小美在城中能快快樂樂學習，開開心心去中心、開開心心的回家就好了。

財團法人育成社會福利基金會 臺北市城中發展 中心

111 年 服務使用者興趣調查表（表五之二）

姓名：王小美

一、請你將最喜歡的室內活動在□裡面打✓

□繪本欣賞	□室內體適能

□美勞、繪圖	□打擊樂

☑玩牌	□烹飪

□卡拉 OK	□影片欣賞
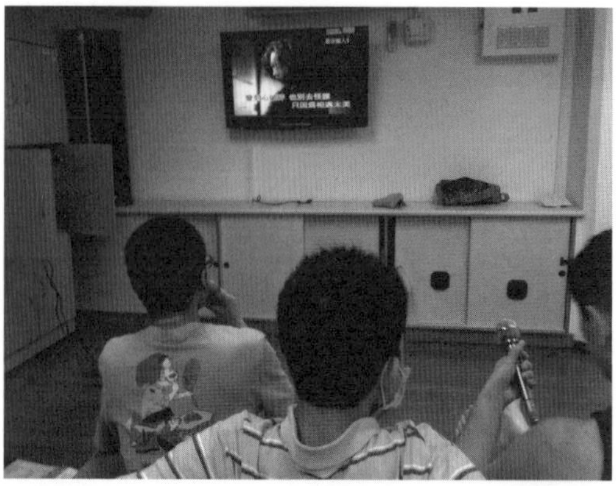	
□玩電腦	□電視遊樂器

□棋類遊戲	□律動

二、請你將最喜歡的室外活動在□裡面打✓

□餐廳用餐

□速食店

□戶外體適能活動

□逛街

□百貨公司

□看展覽

□社區公園	□購物

☑去圖書館	□看電影

財團法人育成社會福利基金會 臺北市城中發展 中心

服務使用者能力綜合摘要表（表六）

姓名：王小美　　　　　　　　填表日期：111 年 1 月 2 日

領域別	綜合摘要
居家生活	1. 可以自行用餐不挑食。用餐時，會先把青菜吃完後，再把肉留到最後與飯一口一口慢慢吃完。 2. 能依情境回應且會看著對方的眼睛。但是對於他人的詢問，回答容易用「是、不好，都可以、沒有問題」等簡短的語句來回應。 3. 能命名物品名稱，對於形容某件事物，會說出常用形容字句如漂亮的、美麗的來描述。 4. 會使用洗衣機。使用前已能自行檢查手是乾燥後再插上插頭，清洗圍裙會將每件圍裙分別放入洗衣機後，再按啟動鍵。 5. 中午潔牙後，會用毛巾將鼻、嘴、耳後、脖子、額頭等部位以旋轉方式擦拭，但有時會遺漏。臉部有髒汙要使用洗面乳洗臉時，洗完後臉頰、下巴仍有泡泡未洗乾淨。 6. 會照鏡子用梳子將頭髮梳理整齊，對於頭髮太長要將頭髮綁起來，會請教保員協助。 7. 會使用電鍋。使用前會保持手部乾燥將插頭插上，並放入所要蒸煮的食物，但有時會忘記部分的程序，如：要加水或加入太多的水量，或忘記按下蒸煮開關及拔掉電源線。 8. 生理期來時，會自行拿取衛生棉來使用，對於要更換掉的衛生棉會捲起來直接丟入垃圾桶內；在黏貼衛生棉時，有時會黏得太前面或後面，造成外漏使得內褲髒汙。
休閒娛樂	1. 喜歡在有線條的圖案上著色。著色時，會換不同的色筆來著色，已能在線條內著色而不會超過線條外。 2. 喜愛參與打擊樂。進行敲打律動的音樂節奏時，當教保員做出敲打樂器的動作或做出請敲打的動作訊號，會跟隨教保員的動作或動作訊號來敲打音樂節拍。 3. 會按電腦主機的電源開關開啟電腦，操作滑鼠時，能左右移動游標到指定遊戲的檔案位置，進入遊戲中，無法依電腦遊戲的規定玩法來操作滑鼠方向及左右鍵。 4. 會用剪刀剪下簡單的圖形，如：直線或曲線，有時會剪超出線外。較無法順利沿線剪裁短距離、小範圍的弧形曲線。 5. 會依撲克牌數字從 1 至 K 依序排列。抽鬼牌遊戲中，有時手中有兩張相同的牌時，無法順利找到手中的兩張相同牌來出牌。

領域別	綜合摘要
健康管理	1. 會說簡短的語句，在有需求或身體不舒服的時候不會主動表達；有時需在教保員發現有異狀詢問下才會表達，但不完整。 2. 因對阿斯匹靈有過敏的現象。就醫時，不會向醫師表明。 3. 會在午餐後自行去刷牙，刷牙時，容易重複刷洗同一處。在點牙菌斑顯示劑後，會看著鏡子用牙刷將牙齒上的牙菌斑顯示劑紅色部分刷洗乾淨，但無法將牙齒縫隙的殘渣清潔乾淨。 4. 經專業團隊物理治療評估心肺適能，在休息時心跳／呼吸為每分鐘 76/17 下。以跑步機進行測試，最快速度 4.5km/hr，持續 12 分鐘可完成 810 公尺，運動後立即量心跳／呼吸約每分鐘 130/28 下，達中等運動強度。 5. 經專業團隊物理治療評估柔軟度在坐姿體前彎約 25 公分，對照國民健康署公布之健康體能資料，背部及下肢後側肌群柔軟度為一般狀態。 6. 經專業團隊物理治療評估肌力／肌耐力在抱胸式仰臥起坐 30 秒／1 分鐘可完成 14/24 下，對照國民健康署公布之健康體能資料，腹部肌力／肌耐力佳。
作業活動	1. 會在要切菜前自行準備好砧板及菜刀，會依教保員提示的樣式來切菜，如：切塊、切段、切片；若有遇到常切的蔬菜，尚且能依過往的經驗來切成所要的樣式。 2. 搓洗多條抹布時，會自行用洗衣板來搓洗抹布。搓洗抹布時，會將抹布對摺並用雙手抓著抹布前後端配合數 10 下來搓洗抹布，搓洗一面抹布後會翻面搓洗，直到全部都搓洗乾淨。 3. 會看有圖示及文字工作分配表。要執行工作項目前，會自行去看工作分配表上的姓名配對日期並正確執行工作。 4. 會握菜刀切菜，但在將菜切段時，握有青菜的手會距離菜刀較近，無法保持一定的安全距離。 5. 會依瓶蓋樣式拿正確的開罐器使用。開始使用時，可以順利將開罐器的刀口對準罐頭邊緣，但有時在轉動開罐器時，刀口易滑掉，要重複調整開罐器對準罐頭邊緣的動作。 6. 了解要將食物冰入冰箱前，先至抽屜內拿取保鮮膜。但在使用保鮮膜過程，容易造成撕開保鮮膜後沾黏在一起，而無法再將保鮮膜拉平。
家庭支持	1. 小美家為自有住宅，經濟能力及家庭支持照顧能力穩定，小美媽媽為小美的主要照顧者，小美目前穩定接受中心服務。 2. 小美父母非常關心小美，家庭中親子間互動良好，假日時全家均會一起外出遊玩，對於小美的相關事務媽媽均會主動並配合辦理。 3. 小美媽媽需要與小美嬸嬸輪流回鄉下照顧年邁的祖父母，故需要連結臨托資源提供支持服務。 4. 小美媽媽期望可以獲得相關休閒活動訊息，有機會多參與不同的活動，增加小美的生活經驗。

領域別	綜合摘要
社會參與	1. 在大型賣場商店內能說出常購買商品的歸屬區域名稱，如：餅乾區、飲料區。但對於尋找指定商品時，會逐一在大賣場裡尋找，仍找尋不到所要的商品。 2. 在商店中，會依照購物單挑選所需要的用品，但在眾多類似商品中要依自己喜好來挑選喜歡的物品時，有時會表示無意見或隨便都可以、不知道要挑選何種物品。 3. 進入郵局後，會跟隨同儕拿取號碼牌，坐在椅子上等候。但無法依燈號指示到指定櫃檯進行存款，及存款後不會主動核對存摺上的存款金額。 4. 喜歡閱讀繪本，會在圖書館內安靜閱讀，無法從眾多書籍分類區域中，找到喜歡的繪本所在區域位置。對於借書流程不熟悉。 5. 對人會展露可愛的笑容，不會去觸碰別人，也會說出身體隱私部位不能被別人碰觸，但對於被觸碰時，會一直看著對方而無法立即用行動拒絕。 6. 據案母表示，若有被不適當的碰觸，會告訴爸爸、媽媽。

填表者：王○○　　　　主任／督導：主任 楊○○

陸

財團法人育成社會福利基金會 臺北市城中發展 中心

111 年度評估暨計畫摘要表（表六之一）

填表日期：111 年 1 月 3 日

姓名：王小美	入中心日期：110 年 12 月 6 日		組別：作業活動組		填表者：王○○		
領域	評估		計畫		資料來源	執行人員	備註
	現有能力與狀況	支持需求	支持目標	支持策略			
居家生活	1. 洗臉時，會用捧水方式將臉頰的洗面乳沖洗完後，仍有泡泡殘留。	1. 加強洗臉的能力	1. 會將臉上的洗面乳清洗乾淨	1-1 口語提示 1-2 將洗臉檢查步驟的照片貼於洗臉的鏡子旁 1-3 日常生活操作 1-4 單元活動（我是帥哥／美女）	服務使用者能力檢核評估表 家長意見／期待調查表	教保員	
	2. 會主動梳理頭髮，在協助下用髮圈綁頭髮，仍會有些零亂。	2. 加強梳理頭髮的能力	2. 會用髮圈綁好頭髮	2-1 示範為其他人用髮圈綁頭髮 2-2 用較大的髮圈練習綁頭髮 2-3 單元活動（我是帥哥／美女）	服務使用者能力檢核評估表	教保員	
	3. 會說出操作流程，在行電鍋操作時，會忘記加水及按下電鍋開關。	3. 增進使用廚具的技能	3. 會正確使用電鍋	3-1 操作示範 3-2 電鍋操作步驟圖卡 3-3 單元活動（我會煮菜）	服務使用者能力檢核評估表 家長意見／期待調查表	教保員	
	4. 生理期時，了解要使用衛生棉時機，無法將衛生棉貼於正確位置而造成內褲髒汙。	4. 認識生理變化	4. 會將衛生棉正確黏貼於內褲	4-1 口語提示 4-2 衛教課程 4-3 內褲加註記號 4-4 單元活動（我是帥哥／美女）	服務使用者能力檢核評估表 家長意見／期待調查表	教保員 家長	

姓名：王小美	入中心日期：110 年 12 月 6 日		組別：作業活動組		填表者：王○○		
領域	評估		計畫		資料來源	執行人員	備註
	現有能力與狀況	支持需求	支持目標	支持策略			
休閒娛樂	1. 只會用滑鼠移動游標，進入遊戲，無法依電腦遊戲的規則操作滑鼠到指定位置及左右鍵。	1. 培養適齡的休閒活動	1. 會操作滑鼠玩電腦遊戲	1-1 在滑鼠鍵做記號：左鍵貼紅色貼紙、右鍵貼黃色貼紙 1-2 滑鼠記號配合操作保齡球電腦遊戲步驟提示卡 1-3 單元活動（假日的活動）	服務使用者能力檢核評估表 服務使用者興趣調查表 家長意見／期待調查表	教保員	
	2. 會指認撲克牌數字 1～10 及 J、Q、K，進行抽鬼牌遊戲，無法依遊戲規則配對撲克牌，需在引導下依遊戲規則來進行。	2. 培養適齡的休閒活動	2. 會進行抽鬼牌遊戲	2-1 用數字卡放於各玩家前面來提示上家及下家 2-2 單元活動（假日的活動——時尚玩家）	服務使用者能力檢核評估表 服務使用者興趣調查表	教保員	
健康管理	1. 會使用單管牙刷上下刷洗單顆牙齒周邊，但牙縫仍有殘渣。	1. 加強潔牙技能	1. 會使用牙線清除牙縫中的食物渣滓	1-1 動作示範：運用牙齒模型練習 1-2 動作引導 1-3 牙線操作照片	服務使用者能力檢核評估表	教保員 家長 護理師	
	2. 與他人互動會說出簡單的語句，但無法完整表達自己的需要或不舒服之處。	2. 加強基本口語表達能力	2. 會向人完整表達需要及想法	2-1 運用「身體不舒服時」相關影片 2-2 需求表達提示圖卡 2-3 日常生活詢問 2-4 單元活動（我生病了）透過設計情境模擬，練習向他人表達不同的需求。	服務使用者能力檢核評估表 家長意見／期待調查表	教保員	

姓名：王小美	入中心日期：110 年 12 月 6 日		組別：作業活動組		填表者：王〇〇		
領域	評估		計畫		資料來源	執行人員	備註
	現有能力與狀況	支持需求	支持目標	支持策略			
作業活動	1. 會握住開罐器，必須在協助下打開罐頭。	1. 提升使用廚房用品的能力	1. 會用開罐器開啟罐頭	1-1 教具引導（開罐器、罐子） 1-2 動作示範 1-3 單元活動（我會煮菜）	服務使用者能力檢核評估表	教保員	
	2. 使用保鮮膜會找到保鮮膜的前端，撕開後易使保鮮膜皺褶黏在一起。	2. 提升使用廚房用品的能力	2. 會使用保鮮膜完整包覆在容器上	2-1 動作示範 2-2 操作提示圖卡 2-3 小組訓練 2-4 單元活動（我會煮菜）	服務使用者能力檢核評估表	教保員	
家庭支持	1. 案母希望能安排臨托服務的轉介，以便於在必要時有人可以協助照顧。	1. 案家需要連結臨托資源	1. 安排臨托建檔以滿足案家臨托需求	1-1 連結台北市智障者家長協會臨托資源 1-2 定期追蹤案家使用臨托資源的情形	社工定期摘要表	社工員 臨托服務社工員 案母	
	2. 案母希望讓案主有更多機會參與不同的休閒活動，故希望社工員能多提供活動資訊。	2. 案家需要休閒活動資訊	2. 增進案家休閒活動資訊	2-1 社工員配合教保員休閒活動的指導，鼓勵案主正確運用休閒資源，並依據案主興趣調查，不定期提供適合案主參與的活動資訊供案母參考，以滿足案主的休閒活動需求。	社工定期摘要表 服務擬定討論紀錄 服務使用者興趣調查表	教保員 社工員 案母 案主	

姓名：王小美	入中心日期：110 年 12 月 6 日		組別：作業活動組		填表者：王〇〇		
領域	評估		計畫		資料來源	執行人員	備註
	現有能力與狀況	支持需求	支持目標	支持策略			
家庭支持				2-2 社工員每季定期與案母及案主聯繫，了解案主參與活動的情形，並提供必要的協助。			
社會參與	1. 能說出部分商品區域的名稱。在大型超市購物較不會在適當的區域與部門尋找欲購買的物品。	1. 提升購物技能	1. 會依物品歸屬區域找到所要購買的商品	1-1 單元活動（我會買東西） 1-2 社區適應 1-3 物品歸屬區域及實物字卡配對	服務使用者能力檢核評估表	教保員	
	2. 選擇髮圈時，會先表示不知道或任何樣式都可以，在鼓勵下選擇不同樣式。	2. 提升自我選擇與決定的能力	2. 會選出自己所愛的物品	2-1 當有說出想要的物品立即給予口頭讚美 2-2 社區適應 2-3 單元活動（我是帥哥／美女）	服務使用者能力檢核評估表	教保員 家長	
	3. 會跟隨同儕取號碼牌並安靜等待。須在動作提示下，才能依自己的號碼到指定的櫃檯辦理存款及核對存款金額。	3. 增進運用社區服務設施的能力	3. 會利用郵局存款	3-1 口語提示 3-2 動作提示 3-3 情境模擬（布置成郵局）	服務使用者能力檢核評估表	教保員	
	4. 帶領下會到圖書館挑選喜歡的繪本閱讀，在引導示範下，辦理借閱繪本。	4. 增進運用社區娛樂設施的能力	4. 會到圖書館借書	4-1 口頭引導 4-2 借書流程提示卡 4-3 情境模擬：布置成圖書館來練習借書流程	服務使用者能力檢核評估表 服務使用者興趣調查表	教保員	

姓名：王小美	入中心日期：110 年 12 月 6 日		組別：作業活動組		填表者：王○○		
領域	評估		計畫		資料來源	執行人員	備註
	現有能力與狀況	支持需求	支持目標	支持策略			
社會參與				4-4 社區適應——實地到櫃檯練習借書			
	5. 知道身體隱私部位不能讓人碰觸，但當有人觸碰時，不會立即用口語或行動拒絕，只會跑來告訴教保員。	5-1. 認識預防性騷擾的方法	5-1. 當別人有不適當的碰觸會立即反應	5-1-1 不能被碰觸的部位的照片 5-1-2 拒絕及大聲呼叫的動作示範 5-1-3 情境演練 5-1-4 單元活動（我是帥哥／美女）	服務使用者能力檢核評估表 家長意見／期待調查表	教保員 社工員	
		5-2. 懂得維護自我的權益	5-2. 當別人對自己有不適當的行為時，會在當下向人求助	5-2-1 照片：指認可求助的對象 5-2-2 運用求助小卡依需求調整求助卡內容 5-2-3 情境演練：請鄰居擔任可求助的對象 5-2-4 實際練習：到店家、捷運站、商場練習 5-2-5 單元活動（我是帥哥／美女）	服務使用者能力檢核評估表 家長意見／期待調查表	教保員 社工員	

組長：組長 李○○　　主任：主任 楊○○

財團法人育成社會福利基金會 臺北市城中發展 中心

個別化服務評量紀錄表（表七）

姓名：王小美　　領域：居家生活　　實施日期：111 年 1 月 5 日至 111 年 12 月 31 日

長期目標	短期目標	支持細目	起點水準	評量紀錄													服務決定	備註
加強洗臉的能力	會將臉上的洗面乳清洗乾淨	1. 沖洗臉部後，會照鏡子自我檢視	4 / 110.12.31	4 / 01.11	4 / 01.25	5 / 02.08	4 / 02.22	5 / 03.08	6 / 03.22	6 / 04.05	6 / 04.19	6 / 05.03	6 / 05.17	6 / 05.31	6 / 06.14	b / 06.14	
		2. 發現仍有殘留會再沖洗至乾淨	4 / 110.12.31	4 / 01.11	5 / 01.25	5 / 02.08	5 / 02.22	4 / 03.08	5 / 03.22	5 / 04.05	5 / 04.19	5 / 05.03	5 / 05.17	5 / 05.31	5 / 06.14	b / 06.14	
		3. 會用毛巾輕輕把臉部擦乾淨	5 / 110.12.31	5 / 01.11	5 / 01.25	5 / 02.08	6 / 02.22	6 / 03.08	6 / 03.22	7 / 04.05	7 / 04.19	6 / 05.03	7 / 05.17	7 / 05.31	7 / 06.14	a / 06.14	

支持評量使用符號：0 動機引發　1 完全支持　2 動作協助　3 動作示範　4 動作提示　5 口語提示　6 依提示卡或圖片完成　7 獨立完成

服務決定：a 通過　b 繼續　×停止

財團法人育成社會福利基金會 臺北市城中發展 中心

個別化服務評量紀錄表（表七）

姓名：王小美　　領域：居家生活　　實施日期：111 年 1 月 5 日至 111 年 12 月 31 日

長期目標	短期目標	支持細目	起點水準	評量紀錄													服務決定	備註
加強梳理頭髮的能力	會用髮圈綁好頭髮	1. 會握住髮束梳理整齊	2 / 110.12.31	2 / 01.11	2 / 01.25	3 / 02.08	3 / 02.22	4 / 03.08	4 / 03.22	4 / 04.05	4 / 04.19	5 / 05.03	5 / 05.17	5 / 05.31	6 / 06.14	b / 06.14	
		2. 會用髮圈圈住髮束	2 / 110.12.31	2 / 01.11	3 / 01.25	3 / 02.08	2 / 02.22	3 / 03.08	3 / 03.22	3 / 04.05	3 / 04.19	4 / 05.03	4 / 05.17	3 / 05.31	4 / 06.14	b / 06.14	
		3. 會將髮圈繞數圈	2 / 110.12.31	2 / 01.11	2 / 01.25	2 / 02.08	2 / 02.22	2 / 03.08	2 / 03.22	2 / 04.05	3 / 04.19	3 / 05.03	3 / 05.17	3 / 05.31	3 / 06.14	b / 06.14	

支持評量使用符號：0 動機引發　1 完全支持　2 動作協助　3 動作示範　4 動作提示　5 口語提示　6 依提示卡或圖片完成　7 獨立完成

服務決定：a 通過　b 繼續　×停止

財團法人育成社會福利基金會 臺北市城中發展 中心

個別化服務評量紀錄表（表七）

姓名：王小美　　領域：居家生活　　實施日期：111 年 1 月 5 日至 111 年 12 月 31 日

長期目標	短期目標	支持細目	起點水準	評量紀錄													服務決定	備註
增進使用廚具的技能	會正確使用電鍋	1. 用量杯加入一杯水	3 / 110.12.31	3 / 01.11	3 / 01.25	4 / 02.08	3 / 02.22	4 / 03.08	5 / 03.22	5 / 04.05	6 / 04.19	6 / 05.03	6 / 05.17	6 / 05.31	6 / 06.14	b / 06.14	
		2. 插上電源線插頭	3 / 110.12.31	3 / 01.11	3 / 01.25	4 / 02.08	4 / 02.22	4 / 03.08	5 / 03.22	4 / 04.05	5 / 04.19	5 / 05.03	5 / 05.17	6 / 05.31	6 / 06.14	b / 06.14	
		3. 蓋上電鍋的鍋蓋	3 / 110.12.31	3 / 01.11	4 / 01.25	4 / 02.08	5 / 02.22	5 / 03.08	5 / 03.22	6 / 04.05	6 / 04.19	7 / 05.03	7 / 05.17	7 / 05.31		a / 05.31	
		4. 按下開關按鈕	3 / 110.12.31	3 / 01.11	4 / 01.25	4 / 02.08	4 / 02.22	5 / 03.08	5 / 03.22	5 / 04.05	5 / 04.19	6 / 05.03	6 / 05.17	6 / 05.31	6 / 06.14	b / 06.14	
		5. 戴上隔熱手套取出電鍋中的食物	3 / 110.12.31	3 / 01.11	3 / 01.25	4 / 02.08	4 / 02.22	4 / 03.08	5 / 03.22	4 / 04.05	5 / 04.19	5 / 05.03	6 / 05.17	6 / 05.31	6 / 06.14	b / 06.14	
		6. 蓋回鍋蓋	3 / 110.12.31	3 / 01.11	4 / 01.25	4 / 02.08	5 / 02.22	5 / 03.08	6 / 03.22	6 / 04.05	6 / 04.19	7 / 05.03	7 / 05.17	7 / 05.31	7 / 06.14	a / 06.14	
		7. 拔下電源插頭	3 / 110.12.31	3 / 01.11	4 / 01.25	5 / 02.08	5 / 02.22	6 / 03.08	6 / 03.22	6 / 04.05	6 / 04.19	6 / 05.03	6 / 05.17	7 / 05.31	7 / 06.14	b / 06.14	

支持評量使用符號：0 動機引發　1 完全支持　2 動作協助　3 動作示範　4 動作提示　5 口語提示　6 依提示卡或圖片完成
7 獨立完成

服務決定：a 通過　b 繼續　×停止

財團法人育成社會福利基金會 臺北市城中發展 中心

個別化服務評量紀錄表（表七）

姓名：王小美　　領域：居家生活　　實施日期：111 年 1 月 5 日至 111 年 12 月 31 日

長期目標	短期目標	支持細目	起點水準	評量紀錄												服務決定	備註
認識生理變化	會將衛生棉正確黏貼於內褲	1. 將衛生棉摺線對準內褲的記號處	4 110.12.31	4 01.11	4 01.25	4 02.08	5 02.22	5 03.08	5 03.22	5 04.05	5 04.19	6 05.03	7 05.17	7 05.31	7 06.14	a 06.14	
		2. 將衛生棉兩邊的側邊黏貼於內褲	3 110.12.31	3 01.11	3 01.25	3 02.08	4 02.22	4 03.08	4 03.22	5 04.05	5 04.19	7 05.03	7 05.17	7 05.31	7 06.14	a 06.14	

支持評量使用符號：0 動機引發　1 完全支持　2 動作協助　3 動作示範　4 動作提示　5 口語提示　6 依提示卡或圖片完成　7 獨立完成

服務決定：a 通過　b 繼續　×停止

財團法人育成社會福利基金會 臺北市城中發展 中心

個別化服務評量紀錄表（表七）

姓名：王小美　　領域：休閒娛樂　　實施日期：111 年 1 月 5 日至 111 年 12 月 31 日

長期目標	短期目標	支持細目	起點水準	評量紀錄												服務決定	備註
培養適齡的休閒活動	會操作滑鼠玩電腦遊戲	1. 會用游標移動遊戲中的球到指定位置	2 / 110.12.31	2 / 01.11	2 / 01.25	3 / 02.08	3 / 02.22	4 / 03.08	4 / 03.22	4 / 04.05	5 / 04.19	5 / 05.03	6 / 05.17	6 / 05.31	6 / 06.14	b / 06.14	
		2. 會長按滑鼠左鍵	3 / 110.12.31	3 / 01.11	3 / 01.25	4 / 02.08	4 / 02.22	4 / 03.08	5 / 03.22	5 / 04.05	5 / 04.19	6 / 05.03	6 / 05.17	6 / 05.31	7 / 06.14	b / 06.14	
		3. 遊戲螢幕中格子滿後，會放開滑鼠左鍵	3 / 110.12.31	3 / 01.11	4 / 01.25	4 / 02.08	5 / 02.22	4 / 03.08	5 / 03.22	6 / 04.05	6 / 04.19	7 / 05.03	7 / 05.17	7 / 05.31	7 / 06.14	a / 06.14	
		4. 會點選 Play 重新再玩一次	3 / 110.12.31	3 / 01.11	3 / 01.25	4 / 02.08	4 / 02.22	5 / 03.08	5 / 03.22	6 / 04.05	7 / 04.19	7 / 05.03	7 / 05.17	7 / 05.31		a / 05.31	

支持評量使用符號：0 動機引發　1 完全支持　2 動作協助　3 動作示範　4 動作提示　5 口語提示　6 依提示卡或圖片完成　7 獨立完成

服務決定：a 通過　b 繼續　×停止

財團法人育成社會福利基金會 臺北市城中發展 中心

個別化服務評量紀錄表（表七）

姓名：王小美　　領域：休閒娛樂　　實施日期：111 年 1 月 5 日至 111 年 12 月 31 日

長期目標	短期目標	支持細目	起點水準	評量紀錄													服務決定	備註
培養適齡的休閒活動	會進行抽鬼牌遊戲	1. 會指認鬼牌	5 110.12.31	5 01.11	5 01.25	5 02.08	6 02.22	6 03.08	6 03.22	7 04.05	7 04.19	7 05.03	7 05.17	7 05.31		a 05.31	
		2. 會將相同的撲克牌配對	4 110.12.31	4 01.11	4 01.25	5 02.08	5 02.22	4 03.08	5 03.22	5 04.05	6 04.19	6 05.03	6 05.17	6 05.31	6 06.14	b 06.14	
		3. 會找出兩張相同的撲克牌	4 110.12.31	4 01.11	4 01.25	4 02.08	5 02.22	4 03.08	5 03.22	4 04.05	5 04.19	6 05.03	6 05.17	6 05.31	7 06.14	b 06.14	
		4. 會抽出一張上家的牌	5 110.12.31	5 01.11	5 01.25	6 02.08	6 02.22	6 03.08	7 03.22	7 04.05	7 04.19	7 05.03				a 05.03	

支持評量使用符號：0 動機引發　1 完全支持　2 動作協助　3 動作示範　4 動作提示　5 口語提示　6 依提示卡或圖片完成　7 獨立完成

服務決定：a 通過　b 繼續　×停止

財團法人育成社會福利基金會 臺北市城中發展 中心

個別化服務評量紀錄表（表七）

姓名：王小美　　領域：休閒娛樂　　實施日期：111 年 2 月 23 日至 111 年 12 月 31 日

長期目標	短期目標	支持細目	起點水準	評量紀錄												服務決定	備註
增進手眼協調的能力	會沿輪廓剪圖案	1. 會沿著小鳥圖案的線條剪下厚度 0.2 公分的紙張	4 / 111.02.21	4 / 03.08	5 / 03.22	5 / 04.05	6 / 04.19	6 / 05.03	6 / 05.17	7 / 05.31	7 / 06.14	7 / 06.28				a / 06.28	
		2. 會沿著小狗圖案的線條剪下厚度 0.4 公分的紙張	5 / 111.07.12										6 / 07.26	6 / 08.09	6 / 08.23	b / 08.23	

支持評量使用符號：0 動機引發　1 完全支持　2 動作協助　3 動作示範　4 動作提示　5 口語提示　6 依提示卡或圖片完成　7 獨立完成

服務決定：a 通過　b 繼續　×停止

財團法人育成社會福利基金會 臺北市城中發展 中心

個別化服務評量紀錄表（表七）

姓名：王小美　　領域：健康管理　　實施日期：111 年 1 月 5 日至 111 年 12 月 31 日

長期目標	短期目標	支持細目	起點水準	評量紀錄												服務決定	備註
加強潔牙技能	會使用牙線清除牙縫中的食物渣滓	1. 將牙線抽出	4 / 110.12.31	4 / 01.11	4 / 01.25	5 / 02.08	4 / 02.22	5 / 03.08	5 / 03.22	6 / 04.05	5 / 04.19	6 / 05.03	6 / 05.17	6 / 05.31	7 / 06.14	b / 06.14	
		2. 牙線一端繞在右手指握住	3 / 110.12.31	3 / 01.11	3 / 01.25	3 / 02.08	4 / 02.22	4 / 03.08	4 / 03.22	5 / 04.05	5 / 04.19	5 / 05.03	6 / 05.17	6 / 05.31	6 / 06.14	b / 06.14	
		3. 牙線另一端繞在左手指握住	3 / 110.12.31	3 / 01.11	3 / 01.25	4 / 02.08	4 / 02.22	4 / 03.08	5 / 03.22	5 / 04.05	5 / 04.19	6 / 05.03	6 / 05.17	5 / 05.31	6 / 06.14	b / 06.14	
		4. 牙線放入牙縫中	4 / 110.12.31	4 / 01.11	4 / 01.25	5 / 02.08	5 / 02.22	5 / 03.08	6 / 03.22	6 / 04.05	7 / 04.19	7 / 05.03	7 / 05.17	7 / 05.31		a / 05.31	
		5. 用牙線清理牙縫渣滓	4 / 110.12.31	4 / 01.11	4 / 01.25	4 / 02.08	5 / 02.22	5 / 03.08	5 / 03.22	6 / 04.05	6 / 04.19	6 / 05.03	6 / 05.17	6 / 05.31	6 / 06.14	b / 06.14	

支持評量使用符號：0 動機引發　1 完全支持　2 動作協助　3 動作示範　4 動作提示　5 口語提示　6 依提示卡或圖片完成
7 獨立完成

服務決定：a 通過　b 繼續　×停止

財團法人育成社會福利基金會 臺北市城中發展 中心

個別化服務評量紀錄表（表七）

姓名：王小美　　領域：健康管理　　實施日期：111 年 1 月 5 日至 111 年 12 月 31 日

長期目標	短期目標	支持細目	起點水準	評量紀錄													服務決定	備註
加強基本口語表達能力	會向人完整表達需要及想法	1. 想要上廁所會向教保員表示「老師，我要上廁所」	5 (110.12.31)	5 (01.11)	5 (01.25)	5 (02.08)	5 (02.22)	5 (03.08)	5 (03.22)	6 (04.05)	6 (04.19)	7 (05.03)	7 (05.17)	7 (05.31)	7 (06.14)	a (06.14)	
		2. 不舒服會向教保員表示「老師，我〇〇不舒服」	5 (110.12.31)	5 (01.11)	5 (01.25)	5 (02.08)	5 (02.22)	5 (03.08)	5 (03.22)	5 (04.05)	5 (04.19)	5 (05.03)	6 (05.17)	6 (05.31)	6 (06.14)	b (06.14)	
		3. 想喝水時，會主動向教保員表示「老師，我要喝水」	5 (110.12.31)	5 (01.11)	5 (01.25)	5 (02.08)	5 (02.22)	6 (03.08)	6 (03.22)	6 (04.05)	7 (04.19)	7 (05.03)	7 (05.17)	7 (05.31)		a (05.31)	

支持評量使用符號：0 動機引發　1 完全支持　2 動作協助　3 動作示範　4 動作提示　5 口語提示　6 依提示卡或圖片完成　7 獨立完成

服務決定：a 通過　b 繼續　×停止

財團法人育成社會福利基金會 臺北市城中發展 中心

個別化服務評量紀錄表（表七）

姓名：王小美　　領域：作業活動　　實施日期：111 年 1 月 5 日至 111 年 12 月 31 日

長期目標	短期目標	支持細目	起點水準	評量紀錄												服務決定	備註
提升使用廚房用品的能力	會用開罐器開啟罐頭	1. 左手握穩罐頭	2 / 110.12.31	2 / 01.11	2 / 01.25	3 / 02.08	3 / 02.22	4 / 03.08	4 / 03.22	4 / 04.05	5 / 04.19	5 / 05.03	5 / 05.17	5 / 05.31	5 / 06.14	b / 06.14	
		2. 將開罐器刀口卡在罐緣	2 / 110.12.31	2 / 01.11	2 / 01.25	2 / 02.08	2 / 02.22	3 / 03.08	3 / 03.22	3 / 04.05	3 / 04.19	4 / 05.03	4 / 05.17	4 / 05.31	4 / 06.14	b / 06.14	
		3. 右手往前轉壓開罐器	2 / 110.12.31	2 / 01.11	2 / 01.25	2 / 02.08	2 / 02.22	2 / 03.08	2 / 03.22	3 / 04.05	3 / 04.19	3 / 05.03	3 / 05.17	4 / 05.31	4 / 06.14	b / 06.14	
		4. 會將罐頭轉動	2 / 110.12.31	2 / 01.11	2 / 01.25	2 / 02.08	3 / 02.22	3 / 03.08	3 / 03.22	4 / 04.05	4 / 04.19	4 / 05.03	5 / 05.17	5 / 05.31	5 / 06.14	b / 06.14	

支持評量使用符號：0 動機引發　1 完全支持　2 動作協助　3 動作示範　4 動作提示　5 口語提示　6 依提示卡或圖片完成
7 獨立完成

服務決定：a 通過　b 繼續　×停止

財團法人育成社會福利基金會 臺北市城中發展 中心

個別化服務評量紀錄表（表七）

姓名：王小美　　領域：作業活動　　實施日期：111 年 1 月 5 日至 111 年 12 月 31 日

長期目標	短期目標	支持細目	起點水準	評量紀錄												服務決定	備註
提升使用廚房用品的能力	會使用保鮮膜完整包覆在容器上	1. 會將保鮮膜拉出	2 / 110.12.31	2 / 01.11	2 / 01.25	3 / 02.08	3 / 02.22	3 / 03.08	4 / 03.22	4 / 04.05	3 / 04.19	4 / 05.03	4 / 05.17	5 / 05.31	5 / 06.14	b / 06.14	
		2. 會用雙手拿著保鮮膜的兩側	2 / 110.12.31	2 / 01.11	2 / 01.25	3 / 02.08	3 / 02.22	3 / 03.08	4 / 03.22	4 / 04.05	3 / 04.19	4 / 05.03	4 / 05.17	5 / 05.31	5 / 06.14	b / 06.14	
		3. 會將保鮮膜覆蓋在容器上	3 / 110.12.31	3 / 01.11	3 / 01.25	3 / 02.08	3 / 02.22	4 / 03.08	4 / 03.22	4 / 04.05	5 / 04.19	5 / 05.03	6 / 05.17	6 / 05.31	6 / 06.14	b / 06.14	
		4. 會往下輕輕撕開保鮮膜	3 / 110.12.31	4 / 01.11	4 / 01.25	4 / 02.08	3 / 02.22	4 / 03.08	4 / 03.22	4 / 04.05	5 / 04.19	6 / 05.03	5 / 05.17	5 / 05.31	5 / 06.14	b / 06.14	
		5. 會將保鮮膜邊緣黏貼於容器上	3 / 110.12.31	3 / 01.11	3 / 01.25	3 / 02.08	4 / 02.22	4 / 03.08	4 / 03.22	5 / 04.05	5 / 04.19	5 / 05.03	4 / 05.17	5 / 05.31	5 / 06.14	b / 06.14	

支持評量使用符號：0 動機引發　1 完全支持　2 動作協助　3 動作示範　4 動作提示　5 口語提示　6 依提示卡或圖片完成　7 獨立完成

服務決定：a 通過　b 繼續　×停止

財團法人育成社會福利基金會 臺北市城中發展 中心

個別化服務評量紀錄表（表七）

姓名：王小美　　領域：社會參與　　實施日期：111 年 1 月 5 日至 111 年 12 月 31 日

長期目標	短期目標	支持細目	起點水準	評量紀錄													服務決定	備註
提升購物技能	會依物品歸屬區域找到所要購買的商品	1. 購買牛奶會到冷藏區選購	5 / 110.12.31	5 / 01.11	5 / 01.25	5 / 02.08	5 / 02.22	6 / 03.08	6 / 03.22	5 / 04.05	6 / 04.19	6 / 05.03	6 / 05.17	7 / 05.31	7 / 06.14	b / 06.14	
		2. 購買水餃會到冷凍區選購	5 / 110.12.31	5 / 01.11	5 / 01.25	6 / 02.08	6 / 02.22	5 / 03.08	5 / 03.22	6 / 04.05	6 / 04.19	6 / 05.03	6 / 05.17	7 / 05.31	7 / 06.14	b / 06.14	
		3. 購買蘋果會到生鮮區選購	5 / 110.12.31	5 / 01.11	5 / 01.25	6 / 02.08	7 / 02.22	6 / 03.08	6 / 03.22	7 / 04.05	6 / 04.19	6 / 05.03	7 / 05.17	7 / 05.31	7 / 06.14	b / 06.14	
		4. 購買衛生棉會到衛生用品區選購	5 / 110.12.31	5 / 01.11	5 / 01.25	6 / 02.08	6 / 02.22	6 / 03.08	7 / 03.22	6 / 04.05	7 / 04.19	6 / 05.03	6 / 05.17	7 / 05.31	7 / 06.14	b / 06.14	
		5. 購買餅乾會到餅乾零食區選購	5 / 110.12.31	5 / 01.11	5 / 01.25	5 / 02.08	6 / 02.22	6 / 03.08	6 / 03.22	6 / 04.05	7 / 04.19	7 / 05.03	7 / 05.17	7 / 05.31		a / 05.31	
		6. 找不到時，會向服務人員詢問	3 / 110.12.31	3 / 01.11	3 / 01.25	3 / 02.08	3 / 02.22	4 / 03.08	4 / 03.22	4 / 04.05	5 / 04.19	4 / 05.03	5 / 05.17	5 / 05.31	5 / 06.14	b / 06.14	

支持評量使用符號：0 動機引發　1 完全支持　2 動作協助　3 動作示範　4 動作提示　5 口語提示　6 依提示卡或圖片完成　7 獨立完成

服務決定：a 通過　b 繼續　×停止

財團法人育成社會福利基金會 臺北市城中發展 中心

個別化服務評量紀錄表（表七）

姓名：王小美　　領域：社會參與　　實施日期：111 年 1 月 5 日至 111 年 12 月 31 日

長期目標	短期目標	支持細目	起點水準	評量紀錄												服務決定	備註
提升自我選擇與決定的能力	會選出自己所愛的物品	1. 會從髮飾店中選出喜愛的髮夾	3 110.12.31	3 01.11	3 01.25	4 02.08	3 02.22	4 03.08	4 03.22	5 04.05	5 04.19	6 05.03	6 05.17	6 05.31	6 06.14	b 06.14	
		2. 會從商店中選出喜愛的衣服	4 110.12.31	4 01.11	4 01.25	4 02.08	5 02.22	5 03.08	5 03.22	6 04.05	5 04.19	6 05.03	6 05.17	6 05.31	6 06.14	b 06.14	

支持評量使用符號：0 動機引發　1 完全支持　2 動作協助　3 動作示範　4 動作提示　5 口語提示　6 依提示卡或圖片完成　7 獨立完成

服務決定：a 通過　b 繼續　×停止

財團法人育成社會福利基金會 臺北市城中發展 中心

個別化服務評量紀錄表（表七）

姓名：王小美　　領域：社會參與　　實施日期：111 年 1 月 5 日至 111 年 12 月 31 日

長期目標	短期目標	支持細目	起點水準	評量紀錄												服務決定	備註
增進運用社區服務設施的能力	會利用郵局存款	1. 會依號碼至指定服務窗口	4 110.12.31	4 01.11	4 01.25	4 02.08	5 02.22	5 03.08	6 03.22	6 04.05	6 04.19	7 05.03	7 05.17	7 05.31	7 06.14	a 06.14	
		2. 會核對存摺上的存款金額	4 110.12.31	4 01.11	4 01.25	4 02.08	4 02.22	5 03.08	5 03.22	5 04.05	5 04.19	6 05.03	5 05.17	6 05.31	6 06.14	b 06.14	
		3. 會向承辦人員說「謝謝」	5 110.12.31	5 01.11	5 01.25	5 02.08	5 02.22	7 03.08	7 03.22	7 04.05	7 04.19					a 04.19	

支持評量使用符號：0 動機引發　1 完全支持　2 動作協助　3 動作示範　4 動作提示　5 口語提示　6 依提示卡或圖片完成　7 獨立完成

服務決定：a 通過　b 繼續　×停止

財團法人育成社會福利基金會 臺北市城中發展 中心

個別化服務評量紀錄表（表七）

姓名：王小美　　領域：社會參與　　實施日期：111 年 1 月 5 日至 111 年 12 月 31 日

長期目標	短期目標	支持細目	起點水準	評量紀錄													服務決定	備註
增進運用社區娛樂設施的能力	會到圖書館借書	1. 會將所要借閱書籍拿至服務台	4 110.12.31	4 01.11	4 01.25	5 02.08	5 02.22	6 03.08	5 03.22	6 04.05	7 04.19	7 05.03	7 05.17	7 05.31			a 05.31	
		2. 會拿出借書證交給服務人員	4 110.12.31	4 01.11	4 01.25	5 02.08	5 02.22	5 03.08	7 03.22	7 04.05	7 04.19	7 05.03					a 05.03	
		3. 會將借閱書籍交給服務人員登錄	5 110.12.31	5 01.11	5 01.25	6 02.08	6 02.22	7 03.08	7 03.22	7 04.05	7 04.19						a 04.19	
		4. 會蓋上還書日期章	4 110.12.31	4 01.11	4 01.25	5 02.08	5 02.22	6 03.08	6 03.22	6 04.05	7 04.19	7 05.03	7 05.17	7 05.31			a 05.31	
		5. 會說出還書期限	5 110.12.31	5 01.11	5 01.25	5 02.08	5 02.22	6 03.08	6 03.22	6 04.05	6 04.19	6 05.03	6 05.17	6 05.31	6 06.14		b 06.14	

支持評量使用符號：0 動機引發　1 完全支持　2 動作協助　3 動作示範　4 動作提示　5 口語提示　6 依提示卡或圖片完成
7 獨立完成

服務決定：a 通過　b 繼續　×停止

財團法人育成社會福利基金會 臺北市城中發展 中心

個別化服務評量紀錄表（表七）

姓名：王小美　　領域：社會參與　　實施日期：111 年 1 月 5 日至 111 年 12 月 31 日

長期目標	短期目標	支持細目	起點水準	評量紀錄													服務決定	備註
認識預防性騷擾的方法	當別人有不適當的碰觸會立即反應	1. 當別人要碰觸隱私部位時會立即向對方說「不要！」	3 / 110.12.31	3 / 01.11	3 / 01.25	3 / 02.08	3 / 02.22	4 / 03.08	3 / 03.22	4 / 04.05	4 / 04.19	4 / 05.03	5 / 05.17	5 / 05.31	5 / 06.14	b / 06.14	
		2. 當別人碰觸隱私部位時，會 立 即大聲呼叫「救命！」	3 / 110.12.31	3 / 01.11	3 / 01.25	3 / 02.08	4 / 02.22	4 / 03.08	4 / 03.22	4 / 04.05	5 / 04.19	5 / 05.03	6 / 05.17	6 / 05.31	6 / 06.14	b / 06.14	
		3. 當別人碰觸隱私部位時，會立即將對方推開	3 / 110.12.31	3 / 01.11	3 / 01.25	3 / 02.08	3 / 02.22	4 / 03.08	4 / 03.22	5 / 04.05	4 / 04.19	4 / 05.03	5 / 05.17	5 / 05.31	5 / 06.14	b / 06.14	
		4. 會立即離開現場	3 / 110.12.31	3 / 01.11	3 / 01.25	3 / 02.08	4 / 02.22	4 / 03.08	4 / 03.22	4 / 04.05	5 / 04.19	4 / 05.03	4 / 05.17	5 / 05.31	5 / 06.14	b / 06.14	

支持評量使用符號：0 動機引發　1 完全支持　2 動作協助　3 動作示範　4 動作提示　5 口語提示　6 依提示卡或圖片完成　7 獨立完成

服務決定：a 通過　b 繼續　×停止

財團法人育成社會福利基金會 臺北市城中發展 中心

個別化服務評量紀錄表（表七）

姓名：王小美　　領域：社會參與　　實施日期：111 年 1 月 5 日至 111 年 12 月 31 日

長期目標	短期目標	支持細目	起點水準	評量紀錄													服務決定	備註
懂得維護自我的權益	當別人對自己有不適當的行為時，會在當下向人求助	1. 在捷運站時會找到服務人員求助	4 / 110.12.31	4 / 01.11	4 / 01.25	4 / 02.08	5 / 02.22	5 / 03.08	5 / 03.22	5 / 04.05	5 / 04.19	6 / 05.03	5 / 05.17	6 / 05.31	6 / 06.14		b / 06.14	
		2. 在公車上會找公車司機求助	4 / 110.12.31	4 / 01.11	4 / 01.25	4 / 02.08	5 / 02.22	5 / 03.08	5 / 03.22	5 / 04.05	6 / 04.19	6 / 05.03	6 / 05.17	6 / 05.31	6 / 06.14		b / 06.14	
		3. 在路上會找便利商店人員求助	4 / 110.12.31	4 / 01.11	4 / 01.25	4 / 02.08	5 / 02.22	6 / 03.08	6 / 03.22	6 / 04.05	6 / 04.19	6 / 05.03	6 / 05.17	6 / 05.31	6 / 06.14		b / 06.14	
		4. 在商場時會找店內服務人員求助	4 / 110.12.31	4 / 01.11	4 / 01.25	4 / 02.08	5 / 02.22	5 / 03.08	5 / 03.22	6 / 04.05	5 / 04.19	6 / 05.03	6 / 05.17	5 / 05.31	6 / 06.14		b / 06.14	
		5. 向求助的人說：小姐（先生）我被騷擾，請幫助我	3 / 110.12.31	3 / 01.11	3 / 01.25	3 / 02.08	3 / 02.22	5 / 03.08	5 / 03.22	5 / 04.05	6 / 04.19	6 / 05.03	6 / 05.17	6 / 05.31	6 / 06.14		b / 06.14	

支持評量使用符號：0 動機引發　1 完全支持　2 動作協助　3 動作示範　4 動作提示　5 口語提示　6 依提示卡或圖片完成　7 獨立完成

服務決定：a 通過　b 繼續　×停止

財團法人育成社會福利基金會 臺北市城中發展 中心

單元活動／社區適應活動計畫（表八）

組別：成人組

期間：111 年 1 月 2 日至 111 年 12 月 31 日

日期	單元名稱	單元目標	活動內容（含地點）	備註
1～2月	我會煮菜	**1. 認識常見食物**		
		1-1 認識常見主食的名稱及分類	1-1-1 以各種食物的照片介紹各主食的名稱及分類。 1-1-2 前往「超級市場」認識所販賣的各種主食的名稱及分類。	
		1-2 認識常見生鮮類食物的名稱及分類	1-2-1 以各種生鮮類食物的照片介紹生鮮類的名稱及分類。 1-2-2 前往「傳統市場」認識所販賣的生鮮類的名稱及分類。	
		1-3 認識調味品的名稱及分類	1-3-1 以廚房用各家廠牌的調味品介紹其名稱及分類。	
		2. 認識常見食物（新鮮度及保存方式）		
		2-1 購物時會分辨新鮮與否	2-1-1 以食品的包裝介紹食物的保存期限。	
		2-2 購物後，會適當儲存食物於冰箱或陰涼處	2-2-1 利用冰箱的圖片介紹各種食物儲存的區域。	
		3. 提升使用廚具的技能		
		3-1 會用菜刀切食物成塊狀	3-1-1 示範用菜刀將食物切成塊狀的技巧及說明注意事項。	
		3-2 會用打蛋器打蛋	3-2-1 示範使用打蛋器的技巧。	
		3-3 會開啟各種瓶蓋	3-3-1 示範各式開瓶、開罐器的使用方式。	
		3-4 會用刨刀刨除果菜的表皮	3-4-1 示範用刨刀刨除果菜表皮的技巧及說明注意事項。	
		3-5 會用鍋鏟翻炒鍋內熱食及盛入盤內	3-5-1 示範用鍋鏟翻炒鍋內熱食及盛入盤內的方式，並說明注意事項。	
		3-6 會適時使用保鮮膜	3-6-1 說明保鮮膜的功能並示範使用方式和使用時機。	

日期	單元名稱	單元目標	活動內容（含地點）	備註
1～2月	我會煮菜	**4. 增進使用廚具（電器用品）安全使用的方式** 4-1 會安全地使用電鍋 4-2 會安全地使用微波爐 4-3 會安全地使用電子爐 **5. 提升烹煮食物的技巧** 5-1 會閱讀／使用食譜 5-2 會蒸煮簡易食物 5-3 會煎炒簡易餐食 **6. 加強清洗廚房的技能** 6-1 會洗滌廚具並弄乾，分類歸位 6-2 會擦拭流理台或工作檯面，必要時使用清潔劑，並將東西歸位	4-1-1 用影片及照片來示範安全地使用電鍋的方式。 4-2-1 用影片及照片來示範安全地使用微波爐的方式。 4-3-1 用影片及照片來示範安全地使用電子爐的方式。 5-1-1 介紹市面上各式食譜及食譜記載的內容方式。 5-2-1 以影片及照片介紹用電鍋蒸煮食物的技巧。 5-3-1 以影片及照片介紹使用炒菜鍋煎蛋及做蛋炒飯的技巧。 6-1-1 以中心廚房的情境介紹清洗廚具的方式及分類歸位的區域。 6-2-1 以中心廚房的情境介紹流理台及工作檯面擦拭的方式。	
3～4月	我生病了	**1. 養成洗手的衛生習慣** 1-1 會用肥皂或洗手乳洗手 1-2 會在必要時洗手 **2. 加強對傳染病預防的認識** 2-1 會說出／指出常見的傳染病 2-2 會說出預防傳染病的方法 **3. 培養適齡的休閒活動** 3-1 會參與互動式的遊戲	1-1-1 介紹洗手對健康的重要性及示範正確洗手的方式。 1-1-2 進行「問與答」、「連連看」、「洗手達人」活動。 1-2-1 介紹洗手的時機（圖片配對）。 1-2-2 在情境演練問答的方式下介紹洗手的時機。 2-1-1 介紹常見的傳染性疾病。 2-1-2 進行「有獎徵答」的活動。 2-2-1 介紹從環境、自我預防傳染病的方法。 3-1-1 進行自製「認識疾病遊戲」（電腦遊戲——打擊登革熱）活動。	

日期	單元名稱	單元目標	活動內容（含地點）	備註
3～4月	我生病了	**4. 建立良好就醫行為** 4-1 會看電視或影片（就醫影片）分享就醫的感受 4-2 會說（指）出就醫所需攜帶的證件、錢 4-3 能說出或指出就醫的流程 **5. 增進照顧病痛的能力** 5-1 會表達或指出身體不舒服或受傷處 **6. 提升口語表達的能力** 6-1 會用簡單句型表達需要及想法 **7. 培養照護病痛的能力** 7-1 能說出服藥需注意的事項 7-2 能說出藥單上用藥方式 7-3 生病時會照顧自己的身體 **8. 提升閱讀個人基本資料的能力** 8-1 會閱讀自己的基本資料 8-2 會閱讀個人資料表格中各欄位的詞彙	4-1-1 播放就醫的影片，分享自己就醫經驗。 4-2-1 介紹就醫時，所需攜帶的證件及錢。 4-3-1 介紹生病時，前往醫療院所就醫時的流程。 4-3-2 進行「我要看病」活動。 5-1-1 介紹面對家人、醫師表達身體不舒服的方式。 6-1-1 請服務使用者在觀看就醫影片後分享心中的想法。 6-1-2 進行「大家來找碴」活動。 7-1-1 介紹生病時服藥所需注意的事項及用藥的安全行為。 7-2-1 介紹服藥時注意藥單上醫囑的內容及藥單上用藥方式。 7-3-1 進行「我是病人」活動。 8-1-1 介紹個人基本資料的內容。 8-1-2 請服務使用者回答個人的基本資料。 8-2-1 介紹社區中醫療院所使用的個人資料病歷表中各欄位的詞彙。 8-2-2 介紹醫療院所病歷表中各欄位詞彙中要填寫的內容。 8-2-3 讓服務使用者閱讀及書寫病歷表中各欄位要填寫的內容。	

日期	單元名稱	單元目標	活動內容（含地點）	備註
3～4月	我生病了	**9. 運用社區服務設施的能力** 9-1 會使用社區中醫療院所及衛生保健設施 9-2 會依循既定的程序到醫院／診所看病 **10. 加強安全的行走能力（社會參與）** 10-1 會遵守交通號誌，穿越馬路 10-2 跟隨團體出去時，不脫隊	9-1-1 介紹社區醫療衛生暨保健服務中心辦理的業務內容。 9-1-2 透過社區參與實際前往「中正衛生服務中心」，認識服務內容。 9-2-1 將中心布置成醫療院所之環境模式，帶領服務使用者模擬認識與體驗就醫流程。 9-2-2 前往「三軍總醫院汀州分院」實際體驗就醫的過程。 10-1-1 前往目的地前，告知在外須注意交通安全事項。 10-2-1 介紹團體活動外出需注意的安全事項。	
5～6月	我會買東西	**1. 加強對金錢的概念** 1-1 認識錢的功能 1-2 認識錢的來源 1-3 會妥善控制花費 **2. 增進對幣值的認識** 2-1 會數若干個硬幣的總和 2-2 會配對與分類指認並說出各種紙鈔	1-1-1 說明錢可以買東西、打電話、請客、坐捷運等。以圖片及口頭說明錢的功能。 1-2-1 利用團體討論及口語說明，讓服務使用者了解參與作業活動後可獲得獎勵金，才能有錢可以使用。 1-3-1 帶領服務使用者，以實地演練的方式，練習用一定的金額購買喜歡的餐點。 1-3-2 帶領服務使用者，實地練習以文字或圖片記下所支出的金錢（練習記帳簿的使用）。 2-1-1 介紹說明各種硬幣，並讓服務使用者試著配對與分類。 2-1-2 讓服務使用者指認與說出各種硬幣。 2-1-3 帶領服務使用者數若干個硬幣的總和。 2-2-1 介紹說明各種紙鈔，並讓服務使用者配對與分類指認並說出各種紙鈔。	

日期	單元名稱	單元目標	活動內容（含地點）	備註
5～6月	我會買東西	2-3 會數各種紙鈔的總和	2-3-1 帶領服務使用者數若干個硬幣的總和。	
		2-4 會數若干個紙幣及硬幣的總和	2-4-1 介紹說明各種紙鈔。讓服務使用者配對分類、指認，並說出各種紙鈔。	
		3. 加強找錢的能力		
		3-1 會看標價付款	3-1-1 說明價格標籤上的數字意義，並帶領服務使用者操作付款流程。	
		3-2 會給予和購物總值相同的錢	3-2-1 以實際操作方式帶領服務使用者操作付款流程，給予相同的錢。	
		3-3 購物後會核對零錢找對與否	3-3-1 以實際操作方式帶領服務使用者操作付款流程，學習核對找零金額。	
		3-4 購物時會計算總價並決定是否有足夠的錢購買	3-4-1 以實際操作方式帶領服務使用者操作計算機，計算花費總額。	
		4. 運用生活用語的能力		
		4-1 會閱讀發票、收據、存摺等資料	4-1-1 說明發票、收據上的資料意思，並學習將資料登入零用金收支本內。	
		5. 提升購物能力		
		5-1 會辨認適當的商店以購買商品	5-1-1 以圖片或影像介紹各種商店的販賣型態，讓服務使用者練習配對各種商品在哪些店可買到。	
		5-2 會在大型商店內找到適當的區域、部門購買	5-2-1 以圖片或影像介紹商品放置區域，並練習商品與放置區之配對。	
			5-2-2 前往「超市」、「大型量販店」協助服務使用者區辨大型商店內之各類物品放置區域及部門。	
		5-3 會設法找到想要買的東西	5-3-1 課堂上模擬讓服務使用者會用語言或圖卡、字卡求助，找到要買的商品。	
			5-3-2 實際前往「超市」、「大型量販店」操作購物流程。	
		5-4 會辨識東西價格	5-4-1 教導如何找到價格標籤位置，並認讀價格。	
		5-5 自己購物或替人購物時，會閱讀購物清單	5-5-1 帶領服務使用者製作購物清單，並教導如何看清單上的名稱、數量等代表的意義。	

日期	單元名稱	單元目標	活動內容（含地點）	備註
5～6月	我會買東西	5-6 購買多項物品時，會利用購物清單而無遺漏任何項目	5-6-1 教導服務使用者如何檢核清單。	
		5-7 認識商品的包裝說明	5-7-1 介紹商品上包裝說明的意思。	
		6. 認識常見食物		
		6-1 購物時會分辨新鮮與否	6-1-1 運用圖片教導購物時如何分辨新鮮與否。	
		6-2 購物後，會適當儲存食物於冰箱或陰涼處	6-2-1 教導依商品包裝上的說明及食物性質，辨識適合存放在冰箱、陰涼的地方，以保存所買回來的食物。	
		7. 懂得維護自我的權益		
		7-1 會分辨別人對自己的不適當行為	7-1-1 課程中說明在購物時，如果遇到哪些行為是不可以的，要記得求援。	
		7-2 當別人對自己有不適當的行為時，會向外求助	7-2-1 以影片或是圖像說明別人對你做不當行為時，要找誰求助或可以怎樣做。	
		8. 建立所有權概念		
		8-1 會保護／保管自己的物品	8-1-1 以實際討論，再以影片或圖片加上口頭說明的方式，了解如何做才能好好的保管物品。外出購物時會保管好自己的東西。	
		8-2 不會任意拿取他人物品	8-2-1 以影片故事的方式，加上說明任意拿取他人物品的結果，以學習到他人物品不可隨意拿取。購物時不會將未付款的東西拿走。	
		9. 認識法律常識		
		9-1 知道什麼是觸犯法律的行為	9-1-1 以影片故事的方式，加上說明什麼行為是觸犯法律的行為。	
		9-2 知道觸犯法律的後果	9-2-1 以影片故事的方式，加上說明當你做了觸犯法律的行為會如何。	
		10. 運用搭乘公車的能力		
		10-1 會服從搭乘公車／捷運的安全規則	10-1-1 出發前告知服務使用者搭乘的交通工具是什麼，請大家要遵守規則。	

陸

日期	單元名稱	單元目標	活動內容（含地點）	備註
5～6月	我會買東西	10-2 即將到達目的地時，會準備下車 10-3 乘車前會準備好悠遊卡／車資 **11. 提升安全行走的能力** 11-1 跟隨團體出去時，不脫隊 11-2 在馬路上會靠邊行走	10-2-1 出發前告知服務使用者目的地，讓服務使用者注意下車的地點，下車前再做提示要下車了。 10-3-1 搭乘大眾運輸工具要付款時，告知服務使用者。 11-1-1 前往「超市」、「大型量販店或百貨公司」時，介紹行走安全的注意事項。 11-1-2 外出購物學習出發前，告知行走規範。 11-2-1 告知外出行走的安全。	
7～8月	我是帥哥／美女	**1. 認識性別的生理結構** 1-1 會辨識男女性之性特徵 1-2 會區辨私密的身體部位 **2. 加強洗臉的技能** 2-1 會用肥皂或洗面乳洗臉 **3. 加強洗澡的技能** 3-1 會用肥皂／沐浴乳抹身體並沖乾淨 **4. 增進洗頭髮的技能** 4-1 會用洗髮精洗頭 **5. 加強梳理頭髮的能力** 5-1 會在必要時用髮夾或髮圈整理頭髮 **6. 加強修整指甲、鬍鬚** 6-1 會使用電動刮鬍刀刮鬍鬚 **7. 認識男女生理變化應注意的事項** 7-1 認識男女進入青春期的生理變化 7-2 女生會處理月經並注意生理期間的衛生	1-1-1 以男女身體圖片介紹男女性的特徵。 1-2-1 以男女身體圖片介紹男女性隱私處的部位。 2-1-1 用影片及示範的方式介紹用洗面乳洗臉的方式。 3-1-1 用影片及示範的方式介紹用肥皂清洗身體的方式。 4-1-1 用影片及示範的方式介紹清洗頭髮的方式。 5-1-1 用示範的方式介紹使用髮夾或髮圈整理頭髮。 6-1-1 用影片及示範的方式介紹使用電動刮鬍刀刮鬍鬚的技巧。 7-1-1 以繪本、影片的方式介紹男女進入青春期的生理變化。 7-2-1 用影片及女性內褲教導生理期使用衛生棉的方式。 7-2-2 前往「超級市場」學習購買適合的衛生棉及女性內褲。	

日期	單元名稱	單元目標	活動內容（含地點）	備註
7～8月	我是帥哥／美女	7-3 男生會處理夢遺並注意衛生	7-3-1 用影片及男性內褲教導有夢遺現象需注意衛生。如：清洗內褲。 7-3-2 前往「超級市場」學習購買適合的男性內褲及刮鬍刀。	
		8. 增進人際互動能力		
		8-1 知道如何與人建立友誼	8-1-1 以影片及情境演練介紹與人建立友誼的方式。	
		8-2 知道如何與人維持友誼	8-2-1 以角色扮演的方式教導如何與人維持友誼的方式。	
		9. 提升情感生活		
		9-1 會用適當的方式對人表示關切	9-1-1 以角色扮演的方式介紹適當的方式對人表示關切。	
		10. 提升選擇衣物的能力		
		10-1 會適當的搭配衣服的顏色及圖案	10-1-1 用數張照片介紹男性服飾。 10-1-2 用數張照片介紹女性服飾。	
		10-2 會選擇隱密處更換衣著	10-2-1 用數張客廳、廁所、房間等照片介紹適合更換衣著的地點。 10-2-2 前往「百貨公司」學習男女服飾的搭配。	
		11. 加強兩性如廁的禮貌行為		
		11-1 男生使用馬桶小便時，會先將馬桶坐墊掀起	11-1-1 利用廁所的情境，教導並請服務使用者示範使用馬桶小便要將馬桶坐墊掀起。	
		11-2 便後會整理好衣著才離廁	11-2-1 用示範方式介紹整理衣著的方式。	
		12. 懂得維護自我的權益		
		12-1 會分辨別人對自己的不適當行為	12-1-1 以各種情境演練介紹別人對自己的不適當行為。	
		12-2 當別人對自己有不適當的行為時，會向外求助	12-2-1 用影片及角色扮演的方式介紹被不適當的接觸應有的適當反應。	
		13. 預防性騷擾的方法		
		13-1 對於外人不適當的接觸會有適當的反應	13-1-1 用影片及角色扮演的方式介紹別人對自己有不適當的行為時可求助的對象。 13-1-2 前往「百貨公司」學習在社區遇到騷擾時可向人求助的對象。	

日期	單元名稱	單元目標	活動內容（含地點）	備註
9～10月	假日的活動	**1. 運用社區娛樂設施能力**		
		1-1 在社區活動時，認識並使用常見的娛樂設施	1-1-1 介紹娛樂及文化設施與設備。	
		1-2 會利用社區中圖書館、社教館、文化中心等文化設施	1-2-1 帶領服務使用者，前往「文化中心」、「圖書館」學習使用文化設施。	
		2. 培養自我選擇與決定的能力		
		2-1 會選擇並決定自己喜愛的活動	2-1-1 說明休閒活動的種類，並從中選擇適合自己的活動。	
		2-2 會選擇並決定自己喜愛的物品	2-2-1 介紹休閒活動的種類，並從中選擇適合自己的物品。	
		3. 增進美勞活動的興趣		
		3-1 會綜合剪、摺、貼、捏、撕的技巧完成手工藝	3-1-1 帶領服務使用者實際運用剪、摺、貼、捏、撕的技巧製作手工藝品。	
		4. 培養適齡的休閒活動		
		4-1 會參與互動式遊戲	4-1-1 課程中實際操作牌卡類活動、球類運動。	
		5. 認識社區的服務設施		
		5-1 會利用便利商店繳費／寄包裹	5-1-1 以影片、圖片帶領服務使用者介紹到便利商店繳費及寄包裹的流程。	
		5-2 會利用社區中美容院或理髮廳修剪頭髮	5-2-1 以影片、圖片帶領服務使用者介紹至美髮店理髮的過程。	
		6. 加強一般日期概念		
		6-1 會與人溝通有關週末假期已發生或打算要做的事	6-1-1 引導服務使用者發表週末發生的事情或是接下來要做的事。	
		6-2 會在個人日曆或記事本上記下活動、特殊約會之事	6-2-1 以生活餡餅圖，教導認識自我一天 24 小時的作息安排。	
		6-3 會依照時間表去赴約或做事	6-3-1 引導服務使用者自己設計活動。 6-3-2 讓服務使用者以投票式選擇要執行的活動。 6-3-3 帶領服務使用者執行決議的活動內容。	

日期	單元名稱	單元目標	活動內容（含地點）	備註
9～10月	假日的活動	**7. 加強安全行走的能力** 7-1 會遵守交通號誌，穿越馬路 7-2 過馬路時，會注意左右來車 7-3 會記住路線，走到目的地 **8. 提升搭乘大眾交通工具的能力** 8-1 乘車前會準備好悠遊卡／車資 8-2 會使用悠遊卡 8-3 會服從搭乘公車／捷運的安全規則	7-1-1 以各種交通號誌的圖片介紹各種交通號誌的功能。 7-2-1 以播放違規過馬路造成身體傷害的影片，介紹過馬路注意左右來車的重要性。 7-3-1 以社區地圖介紹前往目的地的地點。 8-1-1 以影片介紹搭乘大眾交通工具所需攜帶的物品的重要性。 8-2-1 以照片介紹各種大眾交通工具使用悠遊卡的時機。 8-3-1 以圖片介紹各種大眾交通工具搭乘時的規則，如：上車抓緊扶手等。	
11～12月	甜蜜的家庭	**1. 增進情感生活** 1-1 辨識組成家庭的目的 1-2 辨識家人和自己在家中的角色 1-3 會區辨各種不同的感情 1-4 會用適當的方式對人表示關切 **2. 增進基本口語表達的能力** 2-1 會說出生活經驗或事情發生之經過	1-1-1 播放家的圖片：回答哪些圖片才是家，區分公共場所與家的不同。 1-1-2 呈現家人互動的圖片，了解家是親人共同生活、互相照顧的地方。 1-2-1 介紹家人的角色和關係，該放在「家庭樹」上哪裡。 1-2-2 畫出我的家和家庭成員，並介紹家庭成員。 1-2-3 將 1-2-2 畫出來的家人畫像用撕或用剪刀剪下來，貼在家庭樹的正確位置，完成正確的家庭樹。 1-3-1 播放「親情」廣告討論家人的付出、看完的感動，以及要如何感謝家人。 1-4-1 練習「說好話」、「做好事」（情境演練）。 1-4-2 製作「感謝卡」謝謝心中想感謝的人（母親節卡片製作）。 2-1-1 用圖片或照片呈現家人對自己的照顧。	

日期	單元名稱	單元目標	活動內容（含地點）	備註
11～12月	甜蜜的家庭	**3. 提升整理衣物的能力**		
		3-1 會把摺好的衣物分類放置	3-1-1 播放《朱家故事》繪本 PowerPoint。 3-1-2 討論家事（摺衣物）是誰的事，家中每人都應該負起分擔家事的責任。 3-1-3 前往「洗衣店」，認識衣物分類技巧。	
		4. 加強擦拭及擦洗的能力		
		4-1 會用抹布擦拭櫃子、門、窗台等	4-1-1 用「家事高手」競賽活動，訓練做家事技能。 4-1-2 進行儲物櫃整理比賽，最先完成、最整齊的由大家推舉出來，頒發「家事達人」獎狀與獎品鼓勵家事技能。 4-1-3 用「家事表」檢核自己分擔家務的狀況，下週驗收成果。 4-1-4 前往拜訪「一位服務使用者的家庭」。	
		5. 具備工作的操作技能		
		5-1 會保護自己避免受傷	5-1-1 介紹日常生活家中易發生危險的物品。 5-1-2 介紹日常生活家中易發生危險的場所。	
		6. 增進處理垃圾的能力		
		6-1 會垃圾分類	6-1-1 了解回收資源的過程及功用。 6-1-2 學習垃圾分類。 6-1-3 廢物利用做環保美勞。 6-1-4 前往「資源回收單位」了解資源回收再利用之價值，並實際操作資源之分類方式。	
		7. 認識一般時間觀念		
		7-1 有白天、夜間的觀念	7-1-1 準備詞卡數張，將詞卡貼在黑板，分類出白天、晚上應做的事。 7-1-2 用詞卡玩配對遊戲，了解白天和晚上要做什麼事情。	
		7-2 能依照時間表赴約或做事	7-2-1 用「時鐘」排出作息時間表。 7-2-2 用「檢核表」來檢核，按作息時間表執行。	

日期	單元名稱	單元目標	活動內容（含地點）	備註
11～12月	甜蜜的家庭	**8. 提升選擇衣物的能力** 8-1 會看氣象選擇衣服	8-1-1 連線「中央氣象局」解說天氣圖，認識天氣圖示、溫度。 8-1-2「天氣圖」學習單，將天氣圖示配對衣物準備。	
		8-2 會依天氣變化來加減衣服	8-2-1 看氣象圖配對適當的「衣著」圖片。 8-2-2 衣著搭配的配對遊戲，指認配合氣候適合的穿搭法。	
		9. 增進人際互動能力 9-1 知道如何與人維持友誼	9-1-1 觀賞《我們這一家》的卡通影片，說出家中成員如何互動。 9-1-2 填寫「甜蜜家庭指數」學習單，診斷家庭甜蜜指數。 9-1-3 播放各式親子活動照片，討論和家人一起進行活動。	
		10. 培養自我選擇與決定的能力 10-1 會選擇決定自己喜歡的活動	10-1-1 認識各種體能活動。 10-1-2 認識各種休閒場所。 10-1-3 規劃與家人的休閒活動討論考慮的因素（時間、地點、體能、花費、天候狀況等）。 10-1-4 設計自己的「假日時間大拼盤」。	

填表者：王〇〇　組長：組長 李〇〇　主任：主任 楊〇〇

陸

財團法人育成社會福利基金會 臺北市城中發展 中心

社區適應活動人員配置表（表九）

活動方式／內容：1.以團體的方式先進行參觀並介紹超市貨架上的物品名稱、標價處及店內設置的區域、部門及文字。 2.再以小組方式在超市內找到購物單上的物品並結帳。 3.最後進行團體討論分享購物心得。						
活動目標：1.會辨認適當的商店購買商品。2.會在大型商店內找到適當的區域、部門購買。3.會依購物流程來完成購物。						
活動時間：111 年 1 月 2 日 14：30～16：00						
活動地點：家樂福				填表人：王○○		
交通方式	姓　名	協助人員姓名／身分	交通工具	姓　名	協助人員姓名／身分	交通工具
	小美、小鳳、小強 小紅、小明、小莉 小奇、小偉、小華 小全、小凱、小方	陳○○/1 廖○○/1 張○○/1 趙○○/1	2 1 3 2			
	※交通工具使用符號：1.交通車　2.公車　3.捷運　4.步行　5.其他 ※協助人員身分使用符號：1.教保員／生服員　2.志工　3.家長　4.其他					
抵定點人員配置	姓　名	協助人員		姓　名	協助人員	
	小美、小鳳、小強 小紅、小明、小莉 小奇、小偉、小華 小全、小凱、小方	陳○○ 廖○○ 張○○ 趙○○				
其他注意事項	1. 服務使用者搭乘交通工具須帶悠遊卡，並攜帶 50 元備用。 2. 留意氣候之因素。出發前，請注意患有氣喘的服務使用者身體狀況並戴口罩，請攜帶氣喘噴劑的藥品。 3. 小奇、小偉、小華由張○○教保員帶領從打掃工作地點出發，到家樂福大門會合。 4. 小紅、小明、小莉行動較緩慢，搭乘中心交通車。 5. 當天若遇雨天，活動延期至 1 月 8 日。					

組長簽章：組長 李○○

財團法人育成社會福利基金會 臺北市城中發展 中心

社工組處遇計畫表（表十）

姓名：王小美　案號：110-A-041　計畫執行期間：111.01～111.12　填表日期：110.12.31 擬定

優先順序	問題／需求敘述	目標	處遇策略	執行者	期限	執行結果概況	備註
1	問題需求：案家需要連結臨托資源。 說明：案母希望能安排臨托服務的轉介，以便在必要時有人可以協助照顧。	安排臨托建檔以滿足案家臨托需求	1. 連結台北市智障者家長協會臨托資源。 2. 定期追蹤案家使用臨托資源的情形。	社工員 臨托社工員 社工員 案母	01-03 04-12		
2	問題需求：案主需要訓練自我保護及求助能力。 說明：案母認為案主對任何人都笑咪咪的，不會分辨好人、壞人，對危險情境辨識力較低，期望中心可以多指導案主自我保護及求助方法。	訓練案主自我保護及求助能力	1. 社工員配合教保員對案主自我保護及求助能力訓練的指導，將依據案主學習情形，不定期提供適合案主模擬情境的練習機會，並將執行情形轉知案母，提供案母居家指導案主的參考。 2. 社工員每季定期與案母聯繫，了解案母對於案主訓練執行的想法，並提供必要的溝通與協助。	教保員 社工員 案母 社工員 案母	01-12 01-12		
3	問題需求：案家需要休閒活動資訊。 說明：案母希望讓案主有更多機會參與不同的休閒活動，故希望社工員能多提供活動資訊。	增進案家休閒活動資訊	1. 社工員配合教保員休閒活動的指導，鼓勵案主正確運用休閒資源，並將依據案主興趣調查，不定期提供適合案主參與的活動資訊給案母參考，以滿足案主的休閒活動需求。 2. 社工員每季定期與案母及案主聯繫，了解案主參與活動情形，並提供必要的協助。	社工員 案母 社工員 案母	01-12 01-12		

填表社工：社工 謝〇〇　社工督導：主任 楊〇〇　中心主管：主任 楊〇〇

財團法人育成社會福利基金會 臺北市城中發展 中心

社工組服務紀錄表（表十一）

姓名：王小美　　　　案號：110-A-041　　　　頁次：1

日期		包含年、月、日、時間
A	對　象	1.本人　2.家屬　3.朋友　4.機構　5.團隊　6.其他（請註明）
B	地　點	1.本機構　2.醫院　3.案家　4.其他（請註明）
C	方　式	1.會談　2.電話　3.信件　4.研討會　5.協調會　6.其他（請註明）
D	聯絡目的	1.了解案主情形　2.經濟補助　3.就業服務　4.法律資源　5.情緒支持　6.資訊提供　7.醫療　8.休閒活動　9.其他（請註明）

會談摘要

111.12.13　16：30　A-1、2　B-3　C-1　D-9（家訪）

目的：至案主家進行家訪，了解案主在家狀況。

內容：

1. 說明案主目前在中心試作訓練情形（工作、飲食、與同學相處、生活自理狀況）。
2. 參觀案家環境與了解案主居家生活情形。
3. 社工員詢問案母期待。
4. 案母說明期待：
   (1) 對於中心的指導很放心，有任何事情也都會直接致電找社工員或教保員溝通。
   (2) 因案祖父只有案父與案叔兩個兒子，兩個兒子都居住在台北，但案祖父母兩位老人家不願意到北部來一起居住，因此我與案嬸嬸需要不定期的返鄉協助照顧年老的案祖父母，故希望社工員可以協助連結臨托資源，以備不時之需。
   (3) 認為案主自小總是笑咪咪的笑容滿面，對任何人都一樣，不會辨識好人、壞人與危險情境，所以希望中心可以多訓練案主自我保護能力及學習求助方式。
   (4) 認為案主生活只有中心與家裡，缺乏生活經驗刺激，希望案主能多參與適合的休閒活動，增加生活刺激，讓案主獲得更多不同的生活經驗。
   (5) 案主個性較為害羞，適應環境人事物的時間需較久，對於自身的病痛及需求，主動表達的能力弱（如：想上廁所不敢說），希望中心教保員可以多關心及提醒。
5. 社工員回應表示：
   (1) 關於案主表達能力培養，會請教保員協助注意，請案母放心。
   (2) 案主雖然適應環境時間要較久，但還是能適應的，請案母要給予案主與教保員時間去努力。
   (3) 將會主動聯繫台北市智障者家長協會臨托服務資源，協助案家在有需要時轉介使用臨托服務。

社工 謝○○

處遇：

1. 將案家所述轉知教學組。
2. 將家訪所得資訊提供教保員擬定個別化服務計畫。

*社工員每次記錄完畢應押上職章。

財團法人育成社會福利基金會

專業團隊服務紀錄摘要表（表十二）

機構名稱：臺北市城中發展中心

姓名：王小美　性別：女　障別等級：智障／中度　出生日期：92/08/16

日期	時間	服務類別	服務摘要	專業人員	單位簽名
111.2.21	15：00～16：00	3	建議可配合課程，進行手指協調動作及手眼協調能力的訓練。建議如下：可利用剪貼、剪紙活動進行練習，以個案目前手部精細能力而言，可以完成沿線剪直線、曲線等動作，僅在短距離、小範圍的弧度、曲線品質較差，因此可進一步使用較複雜的不規則圖案進行練習；另外，建議使用厚度較厚的紙張以練習掌內肌力。	職能治療師劉○○	教保員王○○ 主任楊○○ 組長李○○

服務類別代碼：1 評估　2 ISP 督導　3 專業服務建議　4 輔具評估　5 健康照顧　6 追蹤　7 其他

財團法人育成社會福利基金會 臺北市城中發展 中心

ISP 督導紀錄表（表十三）

實施日期：111 年 01 月 02 日至 111 年 12 月 31 日

姓名：王小美

督導 / 月份	督導／組長／副組長（意見及簽章）	主任（意見及簽章）
1月	☑依計畫進度執行。 ☑修正意見： 起點水準日期有誤請進行修正。 組長 李○○	主任 楊○○
2月	☑依計畫進度執行。 ☑修正意見：職能治療師評估可增進手眼協調及手指精細動作，請依「專業團隊服務紀錄摘要表」建議新增目標。 組長 李○○	
3月	☑依計畫進度執行。 ☑修正意見：請依專團特教師的建議修正。請依「專業團隊服務紀錄摘要表」並回應。 組長 李○○	主任 楊○○
4月	☑依計畫進度執行。 □修正意見： 組長 李○○	
5月	☑依計畫進度執行。 □修正意見： 組長 李○○	主任 楊○○
6月	☑依計畫進度執行。 □修正意見： 組長 李○○	

財團法人育成社會福利基金會

專業團隊服務申請表／回覆單（表十四）

<table>
<tr><td rowspan="2">轉介單位</td><td colspan="3" rowspan="2">臺北市城中發展中心</td><td>轉介日期</td><td>110.12.08</td><td>電話</td><td>02-23643036</td></tr>
<tr><td>轉介人員</td><td>謝○○ 社工員</td><td>傳真</td><td>02-23643040</td></tr>
<tr><td rowspan="2">姓名</td><td rowspan="2">王小美</td><td rowspan="2">性別</td><td>□男</td><td>出生日期</td><td colspan="3">92 年 08 月 16 日</td></tr>
<tr><td>■女</td><td>障別</td><td>智能障礙</td><td>等級</td><td>中度</td></tr>
<tr><td>目前所接受的服務</td><td colspan="4">□早期療育（時制）　□早期療育（日托班）
■日間照顧　□全日型住宿
□夜間型住宿　□其他：</td><td>接受機構服務的時間</td><td colspan="2">110 年 12 月 6 日起</td></tr>
<tr><td>轉介目的</td><td colspan="7">■新進服務使用者　□心理評估
□療育／復健評估及服務　□輔具評估
□肢體功能評估　□其他：</td></tr>
<tr><td>轉介問題描述（單位服務人員之觀察）</td><td colspan="7">1. 案主 92 年次，智能障礙中度。於 110 年 7 月畢業於○○特殊教育學校。
2. 案主生活自理能力佳，盥洗、穿衣、飲食等皆能自理，且生活作息規律，平時在家都會協助案母家事工作。
3. 案主認知能力佳，對於生活日常用品、顏色、大小都能正確指認與使用，對於金錢能指認但無換找金錢能力，會使用計算機且會看數字鐘。
4. 案主可與他人做口語交談，但咬字較為不清楚，多以短句作為回應，常笑臉迎人，給人良好的第一印象。
5. 案主於後廚組試作評估，對於工作流程及學習具有主動性，對於所學事物亦願意反覆練習，且未表達不耐煩之意。</td></tr>
<tr><td>轉介單位期待</td><td colspan="7">案主為初進中心，擬透過專業團隊評估，評估個案至本中心接受餐飲與清潔工作隊的情況，以提供教保組主要支持目標及後續服務規劃之建議。</td></tr>
<tr><td colspan="8">附件資料：■基本資料表　□家訪紀錄表　□疾病診斷證明
□ISP 紀錄　□摘要表　■初評檢核表
□其他：</td></tr>
</table>

轉介人員：社工 謝○○　督導：主任 楊○○　主管：主任 楊○○

<table>
<tr><th colspan="8">專業團隊服務回覆單</th></tr>
<tr><td>姓名</td><td>王小美</td><td>轉介單位</td><td>臺北市城中發展中心</td><td>轉介人員</td><td>謝○○ 社工員</td><td>回覆日期</td><td>110.12.09</td></tr>
<tr><td>處理情形</td><td colspan="7">□ 1.研議開案：
原因說明及建議：

☑ 2.確定接案：
◎ 主責人員：OT 劉○○
◎ 預計服務期程及計畫：OT 預計於 110.12.13 至中心服務進行評估。

職能治療師 劉○○　主任 蔡○○</td></tr>
<tr><td>備註</td><td colspan="7"></td></tr>
</table>

承辦人員：職能治療師 劉○○　督導：主任 蔡○○

財團法人育成社會福利基金會 臺北市城中發展 中心

轉介表（表十五）

<table>
<tr><td>受照會／轉介單位</td><td colspan="4">○○協會（臨托服務）</td><td>照會／轉介日期</td><td colspan="2">111 年 01 月 10 日</td></tr>
<tr><td>姓名</td><td>王小美</td><td>性別</td><td>女</td><td>出生日期</td><td>92 年 08 月 16 日</td><td>障礙類別等級</td><td>智能障礙中度</td></tr>
<tr><td>住址</td><td colspan="4">100 臺北市中正區○○路○段○○巷○○號○樓</td><td>聯絡電話</td><td colspan="2">（02）22○○-○○○○</td></tr>
<tr><td>家屬或聯絡人</td><td>陳○玉</td><td>關係</td><td colspan="2">母女</td><td>電話</td><td colspan="2">09○○-○○○-○○○（母）</td></tr>
<tr><td>主要問題（需求）與處遇</td><td colspan="7">1. 案主 92 年次，智能障礙中度。案主為早產兒，據案母表示案主在腹中時，超音波檢測發現案主的頭顱小於一般正常之胎兒。案主出生後因頭顱過小曾被懷疑為小腦症，後案母帶案主到台大醫院檢查，發現案主非為小腦症，為基因缺陷所造成，當時醫生曾提到案主此情形將會影響智能發展。
2. 案主生活自理能力佳，盥洗、穿衣、飲食等皆能自理，且生活作息規律，平時在家都會協助案母家事工作。
3. 案家人疼愛案主，對於案主非常保護，如案主從小就學或工作皆有家人接送或親友陪同，以致案主至今缺乏自行搭乘交通工具的能力，均須陪同與提醒。
4. 案祖父母居住在南部，案母與案嬸嬸需要不定期的返鄉協助照顧年老的案祖父母，故希望可以連結臨托資源，以備不時之需。</td></tr>
<tr><td>照會／轉介因素與目的</td><td colspan="7">案母為案主之主要照顧者，當案母須返鄉照顧案祖父母，無法帶案主前往時，會擔憂案主安危，故需要臨托的支持服務。</td></tr>
<tr><td colspan="4">轉介社工：社工 謝○○</td><td colspan="4">主管：主任 楊○○</td></tr>
</table>

轉介單位地址：臺北市城中發展中心　　電話：2364-3036　　傳真：2364-3040

---請沿虛線撕下回覆---

台北市○○協會（臨托服務）轉介回覆單

<table>
<tr><td>照會／轉介日期</td><td colspan="4">111 年 01 月 10 日</td><td colspan="2">回覆日期</td><td colspan="2">111 年 01 月 17 日</td></tr>
<tr><td>案主姓名</td><td>王小美</td><td>性別</td><td>女</td><td>出生日期</td><td colspan="2">92 年 08 月 16 日</td><td>障礙類別等級</td><td>智能障礙中度</td></tr>
<tr><td>個案處理摘要</td><td colspan="8">1. 經貴中心 1 月 10 日轉介，本會已於 1 月 16 日下午前往案家了解案主及其家庭狀況，與案母說明臨時照顧服務可提供之服務內容及限制，並已完成建檔、簽訂服務契約書。
2. 案主安置狀況為接受日間型照顧服務，依契約規定，每年補助時數不超過 200 小時、行政費補助次數不超過 48 次；案主建檔日期為 111 年 1 月 17 日，整年度按月等比計算，至 111 年 12 月 31 日，尚有補助時數 200 小時，行政費補助 48 次。
3. 日後案家隨時可向本會提出服務申請；本會將於案家申請時，評估案主需求是否符合臨托服務範圍後提供服務。</td></tr>
<tr><td colspan="5">社工：社工 高○○</td><td colspan="4">主管：督導 楊○○</td></tr>
</table>

回覆單位地址：台北市○○區○○路一段○號○樓　電話：27○○-○○○○
傳真：27○○-○○○○

財團法人育成社會福利基金會 臺北市城中發展 中心

□評估 □安置 ☑ISP □ISP 修改 □轉銜 會議紀錄表（表十六）

姓名：王小美　　出生日期：92 年 08 月 16 日　　入中心日期：110 年 12 月 06 日

開會日期：111 年 01 月 14 日　　開會地點：五樓會議室

出席人員	職稱／稱謂	姓　名	職稱／稱謂	姓　名	職稱／稱謂	姓　名
	組長	李〇〇	教保員	王〇〇	社工	謝〇〇
	媽媽	陳〇玉	服務對象	王小美		

結論：

☑ 1. 同意 ISP 內容（或修改內容）

□ 2. ISP 修改意見如下

□ 3. 其他

1. 由中心組長說明會議召開之目的，並由教保員說明今年度針對案母在「家長意見／期待調查」及各項觀察／評估紀錄表來擬定之個別化服務計畫；社工員說明家庭支持服務內容，案母表示對於中心的指導相當放心，並同意依計畫執行。
2. 案母表示服務使用者本身相當安靜，溝通表達的主動性不足，尤其剛到一個新環境更不敢表達，希望教保員能多建立主動溝通的機會。
3. 案母表示服務使用者從小對痛的敏感度不足，而且習慣摳手，猜測可能手部太乾燥造成手不舒服，請教保員能在工作完成後提醒抹乳液，以保護手部皮膚。
4. 案母表示會配合中心擬定之個別化服務計畫，於家中也搭配加強訓練服務使用者。

財團法人育成社會福利基金會 臺北市城中發展 中心

☐評估 ☐安置 ☐ISP ☑ISP 修改 ☐轉銜 會議紀錄表（表十六）

姓名：王小美　　出生日期：92 年 08 月 16 日　　入中心日期：110 年 12 月 06 日

開會日期：111 年 02 月 22 日　　開會地點：晤談室

出席人員	職稱／稱謂	姓　名	職稱／稱謂	姓　名	職稱／稱謂	姓　名
	組長	李○○	教保員	王○○	社工	謝○○
	媽媽	陳○玉	服務對象	王小美	職能治療師	劉○○

結論：

☐ 1. 同意 ISP 內容（或修改內容）。
☑ 2. ISP 修改意見如下
☐ 3. 其他

專業團隊職能治療師在 2/21 因小美手部動作之精細度及動作品質較弱，因此建議可配合課程，進行進一步的手指協調動作及手眼協調能力的訓練，故增列以下目標：

- 長期目標：增進手眼協調的能力
- 短期目標：會沿輪廓剪圖案
- 支持細目：
  1. 會沿著小狗圖案的線條剪下厚度 0.15 公分的紙張。
  2. 會沿著小鳥圖案的線條剪下厚度 0.2 公分的紙張。

以上新增目標，案母同意新增。

陸

財團法人育成社會福利基金會 臺北市城中發展 中心

ISP 修正意見表（表十七）

姓名：王小美

填表日期：111.02.22

領域	原 ISP 目標	修正後 ISP 目標	修正原因
休閒娛樂	原無此項目標	新增目標： 領域：休閒娛樂 次領域：動作技能 長期目標：增進手眼協調的能力 短期目標：會沿輪廓剪圖案 支持細目： 1. 會沿著小狗圖案的線條剪下厚度 0.15 公分的紙張。 2. 會沿著小鳥圖案的線條剪下厚度 0.2 公分的紙張。	因專業團隊職能治療師在 2/21 建議使用較複雜的不規則圖案進行練習，以提升手指協調動作及手眼協調能力；另外建議使用厚度較厚的紙張以練習掌內肌力，故新增此目標。

填表者：王〇〇

銘謝

特此感謝台北市智障者家長協會以及本會各中心參與，並協助本手冊出版事宜。

單位名稱	電話	地址	服務對象與內容
臺北市 弘愛服務中心	02-2393-7655	臺北市中正區濟南路二段46號4樓	成人心智功能障礙者日間生活照顧及夜間住宿服務。
臺北市 城中發展中心	02-2364-3036	臺北市中正區汀州路二段172號	成人心智功能障礙者日間照顧服務。
臺北市 永明發展中心	02-2828-3051	臺北市北投區石牌路二段115號4~6樓	0至6歲早療服務、成人心智功能障礙者日間照顧服務。
臺北市 健軍團體家庭	02-2365-9037	臺北市中正區汀州路三段60巷2弄6號1樓	成人心智功能障礙者夜間住宿服務。
新北市 愛育發展中心	02-2805-3791	新北市淡水區沙崙路300號2樓	成人心智功能障礙者全日型住宿服務。
臺北市 私立育成裕民發展中心	02-2821-8468	臺北市北投區裕民一路41巷2弄18號1樓	成人心智功能障礙者日間照顧服務、職業陶冶（清潔工作隊、代工）。
臺北市 廣愛家園	02-2783-4236 02-2783-4274	臺北市信義區大道路116之2號	心智障礙長者養護服務。
臺北市 東明扶愛家園	02-2788-0220	臺北市南港區南港路二段38巷8弄1號	成人心智功能障礙者日間照顧服務、住宿服務。

NOTE

NOTE

國家圖書館出版品預行編目（CIP）資料

身心障礙者個別化服務計畫實用手冊／財團法人
育成社會福利基金會編著. -- 二版 . -- 新北市：
心理出版社股份有限公司, 2023.09
面；　公分. --（障礙教育系列；63177）
ISBN 978-626-7178-74-4（平裝）

1. CST: 身心障礙者　2. CST: 社會服務　3. CST: 手冊

548.2026　　112014740

障礙教育系列 63177

身心障礙者個別化服務計畫實用手冊（第二版）

編 著 者：財團法人育成社會福利基金會
董 事 長：陳節如
召 集 人：黃素珍
編輯委員：賴光蘭、胡宜庭、馬海霞、朱小綺、黃曉玲、陳秀娟、鄭芬芳、王舒嫻、林佳瑩、丁巧蕾、李亭誼、許培妤
出 版 者：心理出版社股份有限公司
發 行 人：洪有義
總 編 輯：林敬堯
執行編輯：林汝穎
地　　址：231026 新北市新店區光明街 288 號 7 樓
電　　話：(02) 29150566
傳　　真：(02) 29152928
郵撥帳號：19293172 心理出版社股份有限公司
網　　址：https://www.psy.com.tw
電子信箱：psychoco@ms15.hinet.net
排 版 者：龍虎電腦排版股份有限公司
印 刷 者：龍虎電腦排版股份有限公司
初版一刷：2014 年 10 月
二版一刷：2023 年 9 月
I S B N：978-626-7178-74-4
定　　價：新台幣 350 元

■有著作權・侵害必究■